美德与少年

——中华传统文化在小学道德与法治课的渗透研究

崔修强　编著

东北大学出版社

·沈　阳·

ⓒ 崔修强　2023

图书在版编目（CIP）数据

美德与少年 ： 中华传统文化在小学道德与法治课的
渗透研究 / 崔修强编著. — 沈阳 ： 东北大学出版社，
2023.8
　　ISBN　978－7－5517－3369－4

　　Ⅰ. ①美…　　Ⅱ. ①崔…　　Ⅲ. ①政治课－教学研究－小
学　Ⅳ. ①G623.102

中国国家版本馆 CIP 数据核字（2023）第 165005 号

出 版 者：东北大学出版社
　　　　　　地址：沈阳市和平区文化路三号巷 11 号
　　　　　　邮编：110819
　　　　　　电话：024－83680176（编辑部）　83687331（营销部）
　　　　　　传真：024－83680182（总编室）　83680180（营销部）
　　　　　　网址：http://www.neupress.com
　　　　　　E-mail: neuph@neupress.com
印 刷 者：辽宁一诺广告印务有限公司
发 行 者：东北大学出版社
幅面尺寸：170 mm×240 mm
印　　张：7
字　　数：126 千字
出版时间：2023 年 8 月第 1 版
印刷时间：2023 年 8 月第 1 次印刷
责任编辑：白松艳
责任校对：石玉玲
封面设计：潘正一
责任出版：唐敏志

ISBN　978－7－5517－3369－4　　　　　　　　定　价：30.00 元

前　言

　　《易经》有言："地势坤，君子以厚德载物。"在很多人的印象中，"厚德"是一个有些模糊的概念。其实'厚德'常在我们身边，从一个个细微的行动中就可以体现出来。当看到地上有垃圾时，弯腰拾起胜过一切言语，这无疑是"厚德"的最好证明。

　　品德对于人而言，有着不可替代的地位。如果将人比作花朵，品德就是花瓣，没有花瓣，花朵就不再美丽；如果将人比作雄鹰，品德就是羽翼，没有羽翼，雄鹰就不能高飞；如果将人比作一支笔，品德就是笔芯，没有笔芯，笔就失去了作用。品德好像一朵芳香扑鼻的玫瑰，当你把它给予别人，在别人手中留下芳香的同时，别人也会将同样芬芳的花朵回赠予你。

　　当今社会上某些不良风气影响了孩子的心灵，玷污了孩子的精神世界，即使他们年幼，即使他们单纯，也可能会因此变得焦虑、迟疑。在"扶不扶"的危急时刻，孩子可能会徘徊不定；在艰辛困苦的考验面前，孩子可能会临阵退缩；在公共场合能否文明优雅？孩子可能会盲目从众……当污浊之气迎面扑来时，其在无形之间便影响着未成年人的世界观、人生观、价值观。抑恶扬善，激浊扬清，学习和争做美德少年就是良好的道德引航，每名脱颖而出的美德少年都是精神的旗帜。或是自强不息的信念，或是敬老尊贤的品格，或是乐于助人的风尚，或是迎难而上的执着……在他们平凡而动人的事迹里，处处涌动着美德的闪光点。

　　只要每名少年从身边小事做起，从点滴细节做起，约束自我行为，规范言行举止，随处恪守美德，就能在广袤的大地上播种善行的种子，让一代少年如同苍翠的大树般茁壮成长。少年有为则国繁荣，少年有德则国昌盛，唯有矢志不渝地坚守未成年人的道德阵地，才能真正让少年的心灵纯净无瑕，让少年不为功利所蒙蔽，不为世俗所动摇，以高洁的风骨擦亮伟大时代的真善美的名片，奔向文明中国的豪迈征程。

21 世纪的青少年，有责任做中华文明的传承者，弘扬礼仪之邦的优良传统，用行动感染身边的人，用真诚打动他人的心。发扬助人为乐、自立自强、诚实守信等传统美德，团结同学、感恩父母、奉献社会，传承中华文化，争做文明少年！

辽宁省海城市上海城实验小学

崔修强

2022 年 12 月

目 录

第一部分　致教育工作者

第二部分　写给我们的少年

第一部分

致教育工作者

第一章　春风化雨，润物无声

中华五千多年的文明长河源远流长，中华民族优秀的传统文化是祖先留给我们弥足珍贵的遗产，教诲并激励一代又一代莘莘学子学习和成长。

中国自古以来就有重视启蒙教育的优良传统，启蒙教育思想极为丰富，而小学阶段正是启蒙教育的重要时期。继承这笔可贵的遗产，对现阶段我国小学生的教育，尤其是道德品质的养成大有裨益。

《三字经》中"苟不教，性乃迁"说的是，孩子如果不尽早接受良好的教育，善良的本性就会受环境的影响而变化。正所谓"先入为主，不可不慎"。朱熹强调，在孩子知识、性情未定时，要及早进行道德教育和道德行为训练，只有这样，方能达到"习与智长，化与心成"的效果。当今社会，有些人以幼儿无知为借口，将教育推迟到孩子长大后再进行，这就像懒于摘除树苗的劣芽一样，等到树苗长成大树再云砍那些枝杈，那该费多大力气呢？孔子说："少成则若性也，习惯若自然也。"《颜氏家训》有言："当及婴稚，识人颜色，知人喜怒，便加教诲"，原因是"人生小幼，精神专利，长成已后，思虑散逸，固须早教，勿失机也"。只有"教子婴孩"，才可以收到事半功倍的效果。以上例子都说明了启蒙教育的重要性。

孔子的思想为我国乃至世界的文明留下了极为丰富的珍贵遗产，为世人留下了宝贵的精神财富。孔子认为，如果不能到风俗仁厚的地方去，就非明智之举。"孟母三迁"的故事更是告诉后人，环境对孩子品德形成具有重要的作用。儿童天真纯朴，求知欲旺，可塑性强，但思维能力较弱，知识较少，因而品德教育不宜简单地向儿童灌输大道理，而要将"大道理"化为"小道理"，并与"生活"相结合，坚持"教""学""做"合一，从行为的养成着眼，从生活常规、日常小事入手进行指导，反复强化，逐渐形成习惯，进而促成儿童良好品德"雏形"的建构。

孝顺父母、尊老爱幼、见利思义、公而忘私、团结友爱、言而有信、先人后己、知书达理、遵纪守法、学无止境、德才兼备、讲求公德、廉洁奉公等，这些无一不是先人的教诲。学校是传统文化教育的主渠道、主阵地，须将传统文化教育作为道德教育的主要内容，逐步纳入日常的教学计划中，并在日常学科教学中结合传统文化教育，特别是对人文学科教学进行传统文化教育的渗透。还要根据学生的需要，适当开设传统文化和传统美德校本课程，诸如对《弟子规》《论语》的学习，以拓宽传统文化教育的广度。同时要就学生的日常行为制定详细的准则，以此督促并规范学生在校的行为习惯养成，强化传统文化教育的效果。

随着人类社会的发展，物质水平不断提高，生活环境不断改善，传统文化教育在现代人的意识中逐渐地淡化。也正是传统文化教育的缺失，使越来越多的学生养成了许多不良习惯。这些学生中有的过多地依赖家长，缺乏自理能力，没有良好的劳动习惯；有的以自我为中心，自私自利，任性妄为；有的花钱大手大脚，不珍惜他人的劳动成果；还有的是非观念淡薄，集体意识、民族意识、国家意识淡漠。长此以往，必将削弱国家的综合实力，最终导致中国五千多年流传下来的传统文化流失殆尽。

社会环境、人际交往对小学生的品德形成具有重要的作用，所以学校应充分重视环境对小学生道德形成的影响，极力营造有利于品德塑造的校园环境。如今小学生的学习、生活环境要比古人复杂得多，社会环境、科技环境、法制环境等，都比先前复杂了许多，对小学生品德培养的作用也日渐增大，因而更应该在少年儿童的教育中增强德育教育，加强传统美德教育。这其中包括仁爱教育、礼貌教育、善心教育等。要将小学生的道德教育与公民道德建设结合起来，倡导成年公民增强责任意识，自觉言传身教，为学生树立好的榜样。随着社会经济的快速发展，各种信息的来源渠道不断增多，随之而来的不良信息正悄然影响着学生，由此造成的不良后果已初见端倪。青少年思想道德素质是一件关系到国家前途和民族命运的大事，学校利用丰富的地域文化资源，加强中华优秀传统文化教育，是一项刻不容缓的任务。

近年来，随着我国对中华优秀传统文化的重视，媒体对优秀传统文化大力宣传，特别是学校对优秀传统文化的融合，使得学生对优秀传统文化有了一定的感知，但与网络媒体的信息传播速度相比，还远远不够。学校必须借助本地报刊、电视等传统媒体和新媒体的力量，充分利用校园网、校园广播站、宣传栏等阵地，并充分发挥课堂主渠道作用，广泛宣传中华优秀传统文化，增进学生对优秀传统文化的认识，用中华优秀传统文化的思想指导行为，让学生领略到中华民族优秀的道德观念和传统文化，培养学生树立正确的世界观、人生观、价值观。

要加强校园文化建设，推进素质教育发展，创设浓郁的书香校园环境。良好的校园环境能够潜移默化地影响学生、启发学生，促进优秀传统文化教育与现代教育有机结合，以达到育人的目的。可以建设文化广场、文化墙、寓意深刻的景观物，还可以在教室内、学校走廊上方悬挂相关的道德名言，利用校内可开发的资源，努力营造中华优秀传统文化氛围浓郁的书香校园。学生社团也有自身的优越性，是学生喜闻乐见的形式，易于调动学生的积极性，学生的参与度较高。依托社团开展各式中华优秀传统文化教育活动，使学生切身感受中华优秀传统文化的博大精深，在传统节日期间，结合每个传统节日的特点开展别开生面的活动。如吟诵中华传统经典篇目，活动形式要多样化，在吟诵的同时，加入表演的成分，创造有特色、有内涵的活动样式。通过各项实践活动，营造中华优秀传统文化氛围，使学生能更好地传承先贤的道德精神，弘扬中华优秀传统文化。

道德与法治课程要求：贴近学生的生活实际，真正能够帮助学生解决生活中的实际问题；了解学生的实际情况，积极做好学生思想教育工作，使其端正学习态度，树立道德意只，提高认识能力；深入了解学生的个性特点，尊重学生的兴趣爱好，细心发掘学生的闪光点，给予肯定评价；正确引导学生的行为，让学生树立正确的世界观、人生观、价值观；让学生在活动中学会做人，懂得感恩，爱学校、爱老师，爱父母，接纳父母的不完美，接纳老师的不完美，接纳同学的不完美，包容同学的不同，换位思考，团结同学；帮助学生树立正确的学习观——终身学习；帮助学生树立正确的价值观——做诚实守信的好孩子；在活动中激发学生的学习兴趣，引进竞争机制；生活处处皆学习，让学生做学习的主人，快乐地学习；遇到困难时，引导学生想办法解决，让学生知道，生活中难免会遇到挫折，要正确对待挫折，愈挫愈勇。

通过学习更新理念，克服以往在道德与法治教学中忽视学生的主体地位、忽视人文精神和科学精神的培养、过分追求学科知识系统的错误倾向。应积极倡导、促进学生主动发展的学习方法，拓宽学习和实践的领域，注重联系生活、跨学科的学习和探究式学习，使学生获得现代社会所需的终身受用的能力。抓好常规工作，培养学生自主学习的能力。根据小学生的年龄特点，结合新教材理论知识，设计新颖、活泼的教学方法，增强趣味性，创设丰富多彩的教学情境，让学生在轻松愉快的学习中掌握知识技能。调动学生的情感，激发学生的求知欲望，减轻学生的学习负担，培养学生的学习兴趣。在教学中，教师应成为学生学习的参与者。教师参与学生学习活动的行为方式主要是观察、倾听、交流。教师观察学生的学习状态，可以调控教学，照顾差异，发现"火花"。教师倾听学生的心声，是尊重学生的表现。教师与学生之间既有认知的交流，也有情感的交流；既可以通过语言进行交流，也可以通过表情、动作实现交流。

作为在义务教育阶段落实立德树人任务的关键课程，道德与法治课程要聚焦全面贯彻党的教育方针，解决好"培养什么人、怎样培养人、为谁培养人"这一教育的根本问题。用习近平新时代中国特色社会主义思想铸魂育人，着力培养担当民族复兴大任的时代新人；坚持正确的价值导向，突出政治性，特别是服从党的领导；坚持核心素养导向，加强一体化设计，注重整合和统筹。

时代赋予我们的不仅是机遇，更多的是挑战。关注核心素养、创新活动方式、提升课堂效率，培养社会主义建设者和接班人。融入习近平新时代中国特色社会主义思想，落实立德树人根本任务，强调育人为本，依据"有理想、有本领、有担当"的时代新人培养要求，强化社会主义先进文化、革命文化、中华优秀传统文化等方面的教育：增强科学性，遵循学生认知规律，注重与学生生活、社会实际的联系；增强时代性，注重体现马克思主义中国化最新成果，反映经济社会发展新变化、科学技术进步新成果；增强整体性，注重学段纵向衔接、学科横向配合；增强指导性，加强课程实施管理，及时更新教学理念。

课程标准的改变不仅是内容的变化，还是理念的转变、德育观的变化，教师要认真研读教材，用好教材，结合学生的实际情况，开展切实可行的教学活动。活动过程是学生的亲身经历，学生的感受也就更加深刻，教学活动的结果也会更加接近预期目标。

第二章 传统文化，一脉相承

　　中国是一个历史悠久的文昍古国，有五千多年的文化底蕴，传统文化源远流长。随着时代的发展，顺应时代的流行文化相继出现，对传统文化的传承造成了一定的影响。小学生是传统文化传承与发展的主要载体，所以对其的教育至关重要。当前我国小学教育中都有关于传统文化的内容，但是这些教育还有一些局限性。

　　习近平总书记于2013年8月19日在全国宣传思想工作会议上指出："中华民族创造了源远流长的中华文化，中华民族也一定能够创造出中华文化新的辉煌。独特的文化传统，独特的历史命运，独特的基本国情，注定了我们必然要走适合自己特点的发展道路。对我国传统文化，对国外的东西，要坚持古为今用、洋为中用，去粗取精、去伪存真，经过科学的扬弃后使之为我所用。"国家呼吁学校要针对小学生加强传统文化的培养，取其精华，去其糟粕，在小学的日常教育中，我们不能只顾"流行文化"而忽视优秀传统文化的传承。

　　我们国家历史悠久。古诗词、书法、传统佳节、戏曲、国画、民族乐器等优秀传统文化数不胜数。中华文明源远流长，在每个不同的时期都会有符合当时特定历史条件的特殊文化，经过时间的沉淀，形成了我国的传统文化。传统文化是历史的积淀，后人对传统文化的传承就是对历史的传承。我国传统文化不仅仅是几首诗、几幅画，传统文化是有灵魂的，它是中华文明的精髓，是中华民族的灵魂！我国优秀的传统文化经过数千年的洗礼，得到了不断的丰富，早已被打磨成瑰宝，学习传统文化对小学生的教育及培养起到了至关重要的作用。

　　俗话说："一方水二养一方人"，华夏五千年的文明博大精深，它孕育了一代又一代中国人。在我国历史上，传统文化一直是德育的重要内容。以仁、义、礼、智、信等道德伦理思想为准则是我国德育追求的目标，也是提高中华民族文化素养和道德水平的重要措施。学校应该不辱使命，从基础教育抓起，促进学生的道德成长，既担当传承中华优秀传统文化的重任，又让中华优秀传统文化惠泽天下，进而促进社会的健康发展。

在小学德育中，应该加强中华优秀传统文化的科学定位，重视中华优秀传统文化在德育中的渗透，不断加强文化的传承功能。中华优秀传统文化中关于"德"的内容，始终是中华文化的主流。同时，对"德"的教育和影响作用的研究一直没有停止。也正是有了"德"的滋养，才为以德立教提供了可能，为小学德育提供了原动力。目前，很多小学开展了"经典诵读"文化活动，让诵读经典成为师生修身、正心、养德的主要精神食粮，为小学德育提供了源源不断的思想养分。

优秀的传统文化对当代小学生的身心健康发展和正确价值观的形成具有重要的积极影响。学校是小学生的学习阵地和主要教育平台，相关教育工作者应该加强优秀文化课的熏陶和渗透，以形成最佳的教书育人模式。增设优秀传统文化课程，对促进学生学习优秀传统文化精神具有重要的意义。学校通过积极开展德育教学课程，使学生处在优秀传统文化的精神熏陶中，深切感知我国传统文化的魅力和内涵，承担继承优秀传统文化的历史使命，加强自身精神文明建设。教师在教授基础知识的同时，重视文化实践活动的开展，在新教育理念背景下，将我国优秀传统文化发扬光大，让传统文化走出课堂，融入实际生活。

当代教育工作者在教学工作中，首先要保证课堂质量的提升，把"立德树人"的思想放在首位，并把传承优秀传统文化的相关课程设置到实际的教学活动中，教育工作者需要结合实际的教学内容，适当地融入优秀传统文化教育。深入挖掘学科中的人文内涵和人文精神，通过对历史发展大背景的介绍，教师可以对具有代表性的历史转折点和关键人物进行细致的分析和讲解，促使学生领会历史进程中所蕴藏的人文内涵，使学生在多个学科领域和知识层面上感受到中华优秀传统文化的魅力和强大的精神力量。通过对学生开展德育教育，将学生内在的知识文化向道德素养层面进行转化。

随着教育体制改革的不断深化和发展，小学生德育教育对中华优秀传统文化的传承和发展已经引起了相关教育工作者的注意。对中华优秀传统文化的传承，是践行社会主义核心价值观的体现，是弘扬民族文化、加强文明建设的重要举措。对小学生开展德育教育，是我国文化发展的重要举措，有利于我国文化的可持续性发展，有利于培养学生的社会主义核心价值观。在建设中国特色社会主义道路上，中华优秀传统文化永远散发着自身独有的光芒。继承和发扬中华优秀传统文化已经成为小学德育教育的重要内容，可以有效地促使小学德育教育工作达到一定的高度和广度。教育工作者应该着重开发优秀传统文化，深度挖掘优秀传统文化的功能和潜力，并探索出将传统文化融入德育教育教学的实践经验和有效途径。

纵观历史，我国不同时期的优秀传统文化都反映了当时特有的文化魅力，代表着中华民族的精神风貌，具有一定的历史性和客观性，所以不管在哪个时代，青少年都肩负着继承优秀传统文化、发扬民族精神的历史使命。培养小学生高尚的道德情操和民族精神，既是建设中国特色社会主义的精神力量，也是对历史和文化的传承和发扬。在教育体制不断深化改革的浪潮中，优秀传统文化体系的建立，对弘扬我国优秀的传统文化具有重要的意义。将文化传承理念融入实际的教育和教学中，鼓励学生提高学习兴趣，激发爱国热情，加强思想政治建设，坚持与时俱进的发展和创新理念，对提升小学生的道德素质和素养具有重要的作用。

目前，教育体制改革仍在不断深化和发展，德育教育逐渐在整个学校教学过程中占有重要地位。学校是文化的载体和传承的平台，其中德育教育作为教学的重中之重，对促进我国社会的进步和发展，具有重要的作用。在教育体制改革不断深化和发展的今天，教育理念和方向也有所转变，以文化课教育为基础，将德育教育和传统文化教育进行有效融合，使学生提高自身精神文明建设，以包容的心态对待社会和生活，这对促进学生形成高尚的价值观具有重要的现实意义。

我国当代教育的核心理念是以人为本，发扬爱国主义教育传统，并以大局观和统筹观来面对社会生活，加强自身的法律道德修养，为我国传承优秀的民族文化贡献重要的力量。我国当代文化的传承具有重要的德育价值，也是我国学校开展德育教育最重要的教学内容之一。尊老爱幼、艰苦朴素、诚实守信等，这些优秀的中国传统文化已经深深地融入我们的社会生活和学习中。只有坚持与时俱进的创新精神，才能使德育教育和传承中华优秀传统文化有效地融合发展。

学校开展德育教育的相关课程，需要采取理论和实践相结合的模式。需要通过课内知识的传授及课外活动的开展，并通过信息技术手段加强正面和反面典型事例的教学分析，让学生在学习中领悟关键知识点，加深学习的记忆。在课堂上开展经典事例的分析，可以加深学生对知识的理解。多样化的信息技术手段对我国传统的德育教学方式产生了冲击，同时带来了更多的机遇。结合信息教育平台，充分利用网络的积极作用，摒弃网络中消极的因素，实现优化教学内容和提升教学质量的教学目标，对弘扬我国优秀传统文化，丰富学生的精神文化生活具有重要的意义。

为了传承我国多元的民族文化，在教学内容中体现社会主义核心价值观已经成为小学德育教育主流的教学思想。实事求是，结合实际教学情况，将本民族的优秀传统文化资源有效地融入小学德育教育工作中，在推动德育教育工作进展的同时，弘扬我国优秀传统文化。

如今，小学德育工作面临着巨大的挑战，同时获得了很多发展机遇，加强优秀传统文化教育，把优秀传统文化渗透到德育教学实践中，对继承和弘扬中华优秀传统文化具有重要意义。

第三章 美德渗透，少年逐梦

我国有着悠久的历史和灿烂的文化，其中的思想文化精华及无数的历史人物故事是德育工作的宝贵素材。要提升德育工作效果，落实"立德树人"根本任务，就必须充分发挥中华优秀传统文化在德育中的作用和价值。教师在德育工作中融合、渗透中华优秀传统文化，创设良好的德育情境，有利于提高学生的道德素质、增强学生的文化自信、为国家培养德才兼备的优秀人才。

文化与德育的联系十分密切，文化是德育的基础，德育是文化传承的方式。中华优秀传统文化中蕴含的诚实守信、尊老爱幼等理念是德育的丰富资源，"一箪食，一瓢饮，在陋巷，人不堪其忧，回也不改其乐"的人生态度，以及"兄道友，弟道恭'的人际交往准则，这些维系了中华民族五千多年生存与发展的德育思想至今仍是中华民族的宝贵财富。

中华民族的传统美德是优秀传统文化传承的成果，而德育作为学校教育体系的重要内容，其课程实施过程也是弘扬优秀传统文化的过程。当下德育的一些重要内容是由古代传承而来的，今日的德育内容势必会成为未来传统文化的重要组成部分。德育本身具有文化传承作用，德育内容既包括古人总结的人生智慧，也包括今人通过实践获取的人生经验。无论当今德育内容和方法如何变化，都是对传统德育的发展与创新。

司马光在《资治通鉴》中写道："才者，德之资也；德者，才之帅也。"司马光对"德与才"的论述启示后人：人无德不立，育人的根本在于立德。德既是一个人安身立命的根本，也是决定一个人成败、得失与未来发展方向的关键。中华优秀传统文化所包含的勤俭节约、诚实守信等道德规范，能够丰富德育内容，为学生道德品质的提高提供支持和帮助。

中华优秀传统文化从古延续至今，经历了五千多年的历史，其中一些优秀传统文化在当今依旧发挥着重要作用。例如，春节、中秋节对中国人来说是非常重要的团圆的节日。然而，现在有些学生热衷于过圣诞节、万圣节、复活节等西方节日，对春节、中秋节等传统节日失去兴趣，甚至有学生认为"外国的月亮比中国圆",这种现象不得不引起教育工作者的警惕和深思。青少年阶段是人的思想极为纯真的时期,教师在德育中融入利于青少年健康成长的优秀传统文化,不仅有助于帮助学生了解我国优秀传统文化的精髓,还能进一步增强学生的文化自信。

社会主义核心价值观教育离不开中华优秀传统文化的滋养,中华优秀传统文化作为中华民族的智慧结晶和精神命脉,其海纳百川的博大胸怀、夙夜在公的奉献精神、居安思危的忧患意识等,对于当今社会进步及国民素质的进一步提升有重大的意义。教师在德育中融合与渗透中华优秀传统文化,有利于培育学生的社会主义核心价值观,使学生做到文明守纪、诚信友善、勤奋学习,有利于学生树立积极向上的世界观、人生观和价值观。

当前,青少年优秀传统文化教育还存在一些缺陷和不足,要解决这些问题,必须在学校教育全过程落实德育,在目标体系、内容体系、途径体系、方法体系等一系列德育体系中融合与渗透中华优秀传统文化。一方面,要在社会主义核心价值观培育中融合与渗透中华优秀传统文化。这不仅是贯彻落实党中央加强青少年社会主义核心价值观培育重要精神的必然要求,也是有效开展青少年德育工作的重要举措。社会主义核心价值观是维系中华民族发展、壮大的精神支柱,也是社会主义先进文化的重要思想。在具体的社会主义核心价值观培育中,可以利用"天下兴亡,匹夫有责""人而无信,不知其可也""天道酬勤"等思想观念,培养青少年的爱国情怀、诚信意识和敬业精神。另一方面,要在校园文化建设中融合、渗透中华优秀传统文化。倘若将中华优秀传统文化与校园文化相融合,不仅能够弘扬中华优秀传统文化,还能让校园文化建设不再空洞、不再流于形式。因此,要积极在校园中开展各种以优秀传统文化为主题的教育活动,在学校规章制度中增添传统文化元素,在清明节、端午节、中秋节等传统节日中,让学生感知中华优秀传统文化的重要内涵。

德育工作者可以将传统伦理思想与现代道德思想有机衔接,做到相互贯通,古为今用。传统伦理思想有着深厚的文化底蕴,能够为现代道德建设提供丰富的历史资源。例如,可以将抽象的伦理思想与形象事例相结合,用伟大人物立德、立功、立言的事迹阐述优秀传统文化的内涵。

优秀传统文化在德育中融合与渗透的重要性是不言而喻的,如何对青少年学生进行传统文化教育,是教育工作者面临的重要问题。以往的教育方式存在一定的不足,针对当下学生思维方式、学习方式的特点,教师需要开辟新的教育渠道和途径。传统文化教育不能只停留于课堂或教材，而应融入学生生活，要在学生的日常生活中渗透中华优秀传统文化，使学生接受并感悟传统道德教育的思想观念。具体来说，要以生活实践为基础，引导学生体验传统文化与道德教育，即强调学生回归生活，亲自参与，引导其在体验中感悟中华优秀传统文化的魅力，并进一步促进道德行为的规范和改善。例如，可以鼓励学生积极参加家务劳动或参加社会公益劳动，让学生通过体验活动感知传统文化，逐渐加深对道德价值的认识和思考。

优秀传统文化在德育中的融合与渗透是时代发展的必然要求，经过历史考验传承下来的中华优秀传统文化对当前的德育工作具有重要意义。教师在德育工作中有机融合与渗透中华优秀传统文化，可以不断丰富德育内容，营造良好的德育情境，激发学生的民族自豪感。因此，教师要充分利用有关中华优秀传统文化的各种素材，注重在德育体系、课程教材、学生日常生活中融合与渗透优秀传统文化，不断提高学生的道德素质，为国家培养德才兼备的优秀人才。

第二部分

写给我们的少年

第四章　崇尚礼仪，自尊自爱

中国自古以来就有"礼仪之邦"的美称。岳飞问路，颇知礼节，才得以校场比武，骑马跨天下；孔融让梨，尊老爱幼，长期以来被人们传为美谈；杨时程门立雪，感动老师，才被收为弟子。这些事迹充分体现了中华民族自古以来的礼仪道德所在。而作为生活在"礼仪之邦"的中华儿女，我们更应该处处崇尚礼仪，自尊自爱。

自尊，顾名思义，就是尊重自己。一个有自尊的人既不会向别人卑躬屈膝，也不会让别人歧视和侮辱自己。自爱，就是懂得爱护自己和爱惜自己的名誉。自尊是自爱的目标，自爱是自尊的表现，要自尊必须自爱。自尊自爱是为了建立和维护自己的尊严，自尊自爱是维护个人乃至民族尊严的前提。

一个自尊自爱的人应该是有理想、有抱负、有气节、有人格、有个性、有主见、有毅力的人。然而，个别人会为了功名利禄而贬低自尊，他们为了荣华富贵而把自尊和自爱踩在脚下；还有的人为了一己私欲出卖自尊，损人利己。如此，不仅违背了个人道德，也有损民族气节。

处于成长发育期的学生，具有很多的长处和优秀品质，如思维敏捷、精力充沛、朝气蓬勃、感情丰富、积极进取等。但也要关注到学生生理的变化对心理的影响。学生在与异性交往时的心理变化，仅依赖教师、家庭、社会的力量去引导是不够的，主要是靠自身树立正确的价值观念。《小学生日常行为规范（修订）》指导学生在日常生活中如何正确处理个人与他人、个人与集体、个人与社会的关系，进而明确学生的责任与义务，学会如何生活。而要做到这些，自尊自爱是基础和前提。

如何做一名自尊自爱的学生呢？首先，正确看待友情。友情，是人与人之间坦率地、自然地正常交往，是出于相互帮助、共同进步的心理建立的彼此间的关系。真挚的友情会陪伴我们走过无数风雨。交友是青少年社会交往中非常重要的事情，伙伴之间互相模仿、互相影响，彼此常常无所不谈，可以互诉苦恼、互相同情、互相给予温暖和力量，共同成长进步。结交朋友本是正常的现象，在少年时期结交的好朋友往往可以维持到成年，甚至老年，这是一件好事。但是，有些学生在交朋友时，往往缺乏认真的考虑和选择。交友的过程不但要受到社会道德规范的制约，更要受到个人道德意志的控制。也就是说，理智必须驾驭情感，要对自己的行为负责。其次，不要早恋。男女同学交往，要团结友爱，落落大方，更应当懂得互相尊重、互相爱护，要有分寸、有节制。一个有自尊心的人，一个懂得人格价值的人，是反对别人不尊重自己的，也不喜欢别人对自己采取轻浮的举动，更不会对他人采取不负责任的行为。人需要尊严，需要爱护，而这种尊严与爱护必须在人与人的相处之中、在互尊互爱之中逐步培养起来。青春是短暂的、宝贵的，不能碌碌无为虚度年华，不能沉迷于花前月下、甜言蜜语之中，要有远大的理想和抱负，趁风华正茂，打好坚实的成才基础。青春期的学生尚处于不稳定的多变阶段，价值观还未真正形成，仅凭一时的冲动，对异性表露钟情，是一种草率的行为，它既影响个人学习，也干扰他人学习，将会贻误大好青春。对自己的行为负责不仅是尊重自己，也是尊重他人。最后，培养坚强的道德意志。道德意志是指一个人自觉地克服内外障碍完成预定目标的道德行为，是心理品质。

自尊是一种具有积极意义的品质。这与我们日常所说的"自尊心"有所区别。在日常生活中，有时会听到这样的话："你自尊心太强了。"这不是夸奖，而是责备。言下之意是，自尊心太强了并不好。自尊只包括人格中具有积极意义的部分，是应该努力培养的个性品质。从这个角度来看，自尊心越强越好。相反，"死要面子""爱慕虚荣"等，不仅不是自尊，反而是自卑的表现。自尊与个人的自我价值有关。例如：当我们做好人好事，受到群众的赞扬时，我们会觉得自己品德高尚；当我们解决了别人解决不了的难题时，我们会觉得自己有能力；当我们的建议被老师或同学采纳后，我们会认为自己很重要。这些都是自尊的体现。其他与自我价值无关的情感体验，如恐惧、焦虑、厌恶等不属于自尊。只有正确理解了自尊的含义，我们才能在学习和生活中真正地把握自尊、追求自尊。

中国历来就有"文质彬彬，然后君子"的说法，良好的仪容仪表是个人涵养的外在表现。学生良好的仪容仪表，不但可以为学校营造一个良好的学习氛围，还可以使学生更好地投入学习生活当中。爱美之心，人皆有之，我们应该追求健康向上的美。真正的仪表美应该是由人的仪态、风度、容貌、衣饰、举止、态度、风韵等构成的美，是心灵美的自然流露。学生作为祖国未来的建设者，在刻苦学习文化的同时，更应该展现良好的行为和仪表。良好的行为和仪表不是一朝一夕形成的，这就要求学生从现在做起、从自身做起、从点滴做起。

花样年华的学生充满着朝气与希望，学生渴望得到别人的关爱，学生期望得到他人的尊重。可怎样才能实现这一点？"欲人尊己先自尊，欲人爱己先自爱。"古人早已给了我们最好的答案——自尊自爱。屠格涅夫说过："自尊自爱，作为一种力求完善的动力，是一切伟大事业的渊源。"可见，自尊自爱是一个人灵魂中的伟大支撑。

人生在世，不能懵懵懂懂、马马虎虎地活着，更不能活得讨嫌，这就需要自尊自爱。自尊自爱的人，会生活得有声有色，让人仰慕，令人敬重。与他人交往时，要语气和顺、态度端正，不要装腔作势、扭扭捏捏，也不要随便嬉笑打闹、你推我拉。语言可以幽默风趣，但不可乱开玩笑或出口伤人、傲慢无理。总之，要体现出自己高尚的情操和良好的修养。

在很久以前，有一个少年想要明白人的尊严究竟是什么，于是去请教一位智者。智者没有回答他的问题，却让他做三件事：第一件事是让他脱光衣服到市集走一趟，少年听后大吃一惊；第二件事是让他去奉承一位富人，并且让那位富人赏给他一些钱，少年听后满脸疑惑；第三件事是让少年到处去炫耀自己有一位当大官的叔叔，少年听后扭头就走。相信这名少年已经得到了答案。想要拥有尊严就要尊重自己、爱护自己，同时要让别人尊重自己。自尊是健康人格的基石，是一种对自己人格重视和肯定的情感，自尊就是从身体、仪表到行为、心灵，维护自己作为一个人的尊严，不做有损人格的事情，不向他人卑躬屈膝，也不容许他人歧视或侮辱自己。

自尊自爱是对自我的关注与肯定，是一个人的快乐之源，更是成功之始。自尊自爱就是要肯定自己、认同自己，就是要告诉自己"我能行"。自尊自爱的同时，要提升自己、超越自己。我们每个人都要不断奋斗、不断进步。当人们问"球王"贝利哪一个进球最精彩的时候，他的回答是"下一个"，这是对自己能力的信心，也是对已有成绩的超越。越王勾践含羞忍辱，卧薪尝胆，最后一举打败吴国，这既是对自己过失的反思，也是对惨痛失败的超越。超越自我，给自己动力去战胜困难，向更高的目标迈进。做更好的自己，既是一种态度，更是一种美德。

每个人都希望受人尊重，任受人尊重的前提是尊重他人。其实，尊重他人很容易就能做到，得到帮助时道声谢，妨碍别人时道句歉，为他人的努力加油，为他人的进步鼓掌，为团队的成功喝彩。一句亲切的问候，一声诚挚的祝福，一个支持的眼神……这些都是尊重的表现，尊重他人是一种美德，受人尊重是一种幸福。你怎样想象，怎样期待，就会有怎样的人生。我们只要坚信自己拥有"无限的能力"与"无限的可能性"，就可以创造出和谐的内心世界，建立起理想的"自我心像"，展现人格行为应具有的魅力。

"言为心声，行为心表"，美好的行为是美丽心灵的体现。一个人可以没有荣誉和鲜花，但绝不能没有自尊。只有尊重自己，才能尊重他人，才可能受到他人的尊重。所以学生从小就应该陶冶情操，用一颗真诚、善良的心去对待周围的一切，养成自尊自爱的良好品德。有的学生盲目崇拜娱乐明星，以至于对明星疯狂迷恋、围追堵截，做出一些有损尊严的行为。生活中有的人为了金钱，可以抛弃人世间最宝贵的情感，可以作践人格，甚至拿生命铤而走险。殊不知，这种不顾尊严的行为是要付出惨痛的代价的！我们每个人都有尊严，都不愿失去尊严，人格尊严是一个人立于天地之间的精神根基，没有了尊严，人只剩下空空的躯壳，也就不能被称为人了。也有一些人不会因眼前小利而牺牲自己做人的尊严，这样的人浑身洋溢着凛然正气，让人肃然起敬。

晏子是春秋时期齐国的重臣，以雄辩的口才、敏捷的思维而闻名。一次，齐王派晏子出使楚国。楚王很不友善，知道晏子将要来楚国，便想趁机羞辱齐国。楚人知道晏子的身材十分矮小，就想以此来侮辱他。于是，在大门旁开了一个狗洞，请晏子进去。晏子看了看这个狗洞，淡定地说："到狗国的人从狗洞进，今天我来到的是楚国，如果从狗洞进去，你们楚国就是狗国。"迎接的人听了满脸通红，立刻请晏子从大门进入。晏子进去后，到王宫拜见楚王。楚王傲慢地说："你们齐国没有人了吗？竟派你来做使臣。"晏子听后，不慌不忙地说："齐国都城的人十分多。人们一起张开袖子，天就阴暗无比；一起挥洒汗水，就会汇成大雨；街上的人肩膀靠着肩膀，脚尖踩着脚后跟，怎么会没有人呢？"晏子边说边摊摊手表示无奈。楚王见状，继续轻蔑地说："既然这样，齐国为什么要派你来？"晏子赶紧假装委屈地说："齐国派遣使臣，各有各的出使对象，有才能的人去有才能的国家，没有才能的人去没才能的国家。而我是齐国最无能的人了，所以只好到楚国来了。"楚王听了，憋着一腔怒火，但又无处可撒，只好尴尬地笑笑，假装什么也没有发生。面对楚王的刁难，晏子并不慌张，而是沉着冷静地应对，利用自己的机智巧妙地化解了难题，维护了自己与齐国的尊严。

从古至今，这些维护尊严的人让人尊敬。但是我们对尊严的理解不能过于简单化，有的学生认为学习成绩差就低人一等，其实学习成绩只能从一定程度上反映一个人的学习状况和学习能力，并不能代表人格尊严。学习成绩好的学生不能因此认为自己的地位高，学习成绩差的学生也不能因此认为自己不如别人。有的学生认为贫穷就没有尊严，这也是不对的。贫穷不是耻辱，耻辱的是因贫穷而自卑颓废。一个人无法选择家庭，但可以改变家境。那些不畏惧贫穷、立志改变贫穷的人，更能获得他人的尊重。尊严不是一时的得失，更不是财富的多寡，而是把自己当作独立的"人"。所以，为了不丧失尊严，我们要明辨荣辱，知耻近乎勇；为了不丧失尊严，我们要把握自我人格，不趋炎附势；为了不丧失尊严，我们要做到富贵不能淫、贫贱不能移、威武不能屈；为了不丧失尊严，我们要发奋图强，不断进取。

有一句话说得好："人必自轻而后人轻之，人必自辱而后人辱之。"一个人要获得他人的尊重和爱，就要学会自尊和自爱，自尊的人懂得自爱，不自爱的人是无自尊可言的。然而，自爱不是自私，不是任性专横、贪图享受，更不是自傲、自以为是、唯我独尊，自爱是爱惜自己，包括爱自己的身体、爱自己的名誉、维护自己的尊严和人格、接纳自己的不完美。

因为自尊，所以我们要自爱，因为自爱，所以我们要自强。只有让自己变得强大，才有能力去维护自尊，真正地实现自爱。因此，一个懂得自爱的人，会有远大的理想，会有脚踏实地的行动，会强烈地追求个人发展的最大空间，不断地提升自己，努力实现自己的人生价值。一个懂得自尊自爱的人，从来不知道什么叫无聊，永远不会感到空虚，因为他们有自己的精神追求和人生的奋斗目标。

我们要自尊自爱。自尊并不是要求你胜人一筹，只是希望你做得更好。自爱，要求我们珍惜自己。"莲，出淤泥而不染"，无论身处何等环境，我们都应该珍爱自己。青春就像春天的花、夏天的雨、秋天的叶、冬天的梅。如果我们懂得自尊自爱，珍惜今天的学习机会，豁达乐观，就一定能让青春的花开得绚丽多彩，让青春的雨下得潇洒自如，让青春的叶舞得曼妙轻盈，让青春的梅开得正气傲然。

第五章　慎独自律，养性修身

　　自律，是一门学问，这门学问自先秦时期就出现了。《礼记》中记述了儒家先贤的一句话："君子必慎其独也。""慎独"二字，也许我们听过数遍，但有多少人能达到如此境界呢？"慎"即"心真"，"独"指"独处"，慎独就是独处之时仍旧心真，谨慎行事。行，有律于己；做，无愧于心。这便是这句千年古训的要旨所在。

　　生活中，可以放松，但绝对不能放纵。积极，乐观，甘寂寞，耐清贫，刻苦学习，勤俭节约，这又何尝不是自律呢？自律，是我们内心的一股力量。"律"即约束，有些人认为约束是对心灵的桎梏，却不曾看到约束带来的美丽。它的美正如一首诗，平平仄仄，按照一定的规律排列起来，呈现出一种令人赞叹的音韵节律。其实，只要我们保持自律，就会发现：原来，当别人从零起步时，我们还可以从负数起步；原来，当我们看别人不顺眼时，是我们自身修养不够；原来，过于纠结小事的人是愚蠢的，是时候将那浮如飘絮的思绪转化为清晰的思路和进一步的行动了。自律既是一种坚持的力量，也是一种力量的坚持。曾经的我们，都或多或少有过不自律、不慎独的举止；而如今的我们，是时候听一听古人这句千年前的教诲，做一个自律、慎独的学生了。

　　那么，自律是什么？《现代汉语词典》（第7版）中的释义为"自己约束自己。"《左传》中曰："呜呼哀哉！尼父，无自律！"这里的自律是遵循法度，是自我约束。老子说："谨慎如始，则无败事。"这里的自律是善始善终。在课堂上，自律体现为从上课铃声响的那刻起至下课，一直专注于老师的教学内容。"慎独"是在没有其他人干涉和监督时，凭着高度自觉，不做任何有违道德信念和做人原则的事。对于我们来说，就是那句耳熟能详的"老师在与不在一个样儿"。学生在上自习课时能够独立完成老师布置的作业，有目的、有计划地进行自主预习、复习，并根据需要做习题。完成既定任务时，心理上便会产生充实感与满足感。自律的最高境界就是慎独。学习中的自律也会带来生活上的自律，大家是否有过如此经历：说好了十点就睡，手机的荧光仍然闪烁至深夜；计划一个月内看完的书，到月底书签仍停留在书的前几页……这一切，都不是我们想要的。不管环境多么宽松，都要对自己有要求，保持自律。或许自律暂时不能改变你的现状，但假以时日，它一定会让你惊喜。当你知道自己想要去哪儿，并且全力以赴奔跑的时候，全世界都会为你让路。

俗话说得好："没有规矩，不成方圆。"国有国法，校有校纪，家有家规。一个没有规矩的人，就仿佛是一匹脱缰的马，在一望无际的草原，漫无目的地奔跑。我们应该做一个遵规守纪的人。对纪律的认识程度不同，其结果也不同。在同一个班级，同样的学习环境，同样的学习时间，学生的学习表现参差不齐，学习成绩差别很大。有的学生在学习累了时，就去玩电子游戏，沉迷于网络中的虚拟世界，不能自控，甚至由着自己的性子为玩乐而说谎、逃课。而纪律意识强的学生面对诱惑时，表现出较好的自控能力。上网只是查找资料、学习。他们写作业累了时，会看一些作文书或其他有益于学习的书，调整之后继续写作业。这是自律的学生，也是品学兼优的学生。自律的学生还会严格要求自己，经常自查、自省、自我批评。一节课下来，会问自己学到了什么，在课堂上精力够不够集中，有没有说话、违反纪律等。还会经常提醒自己，什么可为，什么不可为，什么坚决不为。会问自己，我在做什么？我该怎么做？对我来说最重要的是什么？自己做的这些有没有对别人造成不好的影响？正如曾子所说："吾日三省吾身，为人谋而不忠乎？与朋友交而不信乎？传不习乎？"学校没有纪律便如磨坊里没有水。如果没有了纪律，没有了自律，人们随心所欲，就不会成功，意外灾难会接连不断，世界会变得混乱不堪。挣断线的风筝不仅不会得到自由，反而会一头栽向大地。

作为学生，我们应该"立志言为本，修身行乃先"。古人的教诲，字字透露出自律的重要性。每个人在世界上前行，势必会受到各种欲望的诱惑。其实，在做决定的那一瞬，个人价值就已被定格了，想要升华自身，就让改变从现在开始。"时间就像海绵里的水，只要你愿意挤，总还是有的。"鲁迅先生说了这句话，也真正做到了这句话——惜时自律。年少时的迟到换来了老师的斥责，"你若还迟到，以后便不要来了"。他默默地在桌角上刻了一个早字，同时刻进了心里，他从此再未迟到过，这便是一种自律。人有了自律，才会向自己的目标更进一步。有的学生因为一时学习成绩不如意，就自暴自弃；有的学生上课开小差，被老师叫去课后谈话；甚至有的学生遇到困难时不是迎难而上，却是半途而废，打退堂鼓。但是，也一定会有这样的人：他们守时，从不迟到早退；他们守礼，从不说脏话；他们风雨无阻，从不因小事请假。这些琐事，更突显出他们的严于律己。每件小事都是他们迈向成功的一步。

自律说起来简单，但行动起来则需要毅力，没有意志力的支撑，自律只是一纸空文。而锻炼毅力并不是什么千难万险的苦差事，它需要的只是一点行动力。挑灯苦读，在万籁俱寂中自认为再也坚持不下去时，请想想当初定下的目标；在跑步太累坚持不下去时，请在心中鼓励自己，为自己加油。意志力其实就是在不断积累的小事中千锤百炼而来的。

什么是纪律？《现代汉语词典》（第7版）中的解释是："为了维护集体利益并保证工作的正常进行而制定的要求每名成员遵守的规章、条文"。从学校的角度来说，纪律就是为了维护学校教育教学工作正常进行而制定的要求每名学生都遵守的规章、条文，它是校园生活中具有强制性的行为规则。俗话说："没有规矩，不成方圆。"同样，"没有纪律，不成校园，没有纪律，也教不出好的学生"，这是一个放之四海而皆准的道理。

也许有人会认为，自律是伟人、名人才应有的品质，其实不然。青少年正处于人生成长的关键阶段，更应在一点一滴的小事中做到自律。自律不能光用嘴说，它是沉默中一小步一小步不间断的跨越，它是意志力支撑下的行动。自习时认真学习，不喧哗；食堂就餐，自觉排队。越来越多的学生认识到，迟到是一件令人很羞愧的事情；越来越多的学生自觉不在课堂上吃零食，不乱丢垃圾；越来越多的学生将认真做操、不拖班级后腿视为一种自觉行为。这些都是自律的表现。

当我们将他律变成自律的时候，就会发现奋斗的路上充满乐趣。也许我们的力量很小，但如果我们拥有坚毅的自制力，锲而不舍，就没有不可能征服的高峰；也许我们的智慧不够多，但只要我们拥有顽强的自控力，坚韧不拔，便没有不可逾越的障碍。"行百里者半九十""千里之行始于足下"，就让我们从一点一滴做起，磨炼自己的意志，锤炼自己的毅力，严格自律。人生是舟，自律是水，以水推舟方能扬帆万里，驶向人生价值的彼岸，拥有更好的未来！

有人说，前行路上最大的敌人是自己。正是因为有上进心的自己无法战胜懒散的自己，无法按时达成目标，故而无法实现理想。自律，就是要时时刻刻约束懒散的自己。自律就是帮助自己达成目标的最好武器。学会自律，就能按照计划一步步走近目标，最终实现理想。

自律，说起来只有两个字，做起来却非常困难。比如早起锻炼，大家都知道利于身体健康，可有多少人能够天天如此？再如晨起喝一杯水，对身体十分有益处，但又有谁能够三年如一日地坚持？生活中的小事，想长期坚持都那么困难，更何况在学习上自律呢？按时完成作业，是一名学生应尽的义务，绝大多数学生能够在老师与家长的监督下做到。若我们有了自律精神，我们就能够在无人监督的情况下，扎实认真、保质保量地做好作业；如果能长期坚持下去，我们的学业一定会有所发展，我们的发展一定会令同龄人刮目相看，我们的进步一定会令家长、老师骄傲！如果我们学会了自主学习，又掌握了学习的规律，能够按照自身特点，制订好计划，并且能够严格自律完成计划，那么我们一定会成长为一个了不起的人。

人如果没有了纪律的约束，就像断了线的风筝，可能会在当时放纵自己，却也永远失去了高飞的力量。今天的我们，是青春的、充满个性的，我们对自由的向往更是迫不及待的。所以，有的学生认为，讲纪律就没有自由，讲自由就不能受纪律的约束。但是，真正的自由是相对的，是有条件的。自律的人能更好地掌握学习和工作，只有"一切皆在掌控之中"的安全感，才能让人获得真正意义上的自由。就学习来说，主要是看怎样理解和对待学习，如果把学习看作提高能力、开阔视野的过程，是改变人生、提高人生质量的过程，是能由自我掌控的行为，那么就会从内心接受学习，敢于面对学习生活中纪律的约束，内心就会对学习产生浓厚的兴趣。

有这样一则寓言故事：一天，风筝和线手牵手在天空中飞翔，一会儿，风筝不耐烦地对线说："老兄，请放开我，不要限制我自由活动的空间。"线劝说道："老弟，不行啊！我的责任就是限制你。否则，你就会失去飞翔的自由。"风筝不听劝告，拼命地摆脱线的束缚，然而，就在它将线挣断后不久，便一头栽进了无底的深渊。这则寓言故事的道理浅显易懂，也让我们明白了约束的重要性。当我们真正学会了自我管理，碎片化的时间不仅不会成为我们口中霸占时间的恶主，还能让我们把握住空闲的每一分每一秒，使得琐碎的时间变成我们的财富。当我们在学习的时候，最好将手机等电子产品搁置一旁，学习之后再去看手机。此外，我们可以插上耳机，听有声读物来充实生活。在这个快节奏的时代，我们不能改变时间碎片化的现象，但当我们变得自律，这种碎片化的时间就能成为我们登上成功之巅的阶梯。

"态度决定一切，态度决定高度。"自律的态度是决定一个人做到自律的关键。我国古代杰出的思想家、教育家、天文历法学家许衡，一年夏天与很多人一起逃难。在经过河阳时，由于长途跋涉，加上天气炎热，所有人都感到饥渴难耐。这时，有人突然发现路边有一棵结满了梨的大梨树。于是，大家你争我抢地爬上树去摘梨吃，唯独许衡端正坐于树下不为所动。众人觉得奇怪，有人便问许衡："你为何不去摘个梨来解解渴呢？"许衡回答："不是自己的梨，岂能乱摘！"问的人不禁笑了，说："现在时局如此之乱，大家都各自逃难，眼前这棵梨树的主人早就不在这里了，主人不在，你又何必介意？"许衡说："梨树失去了主人，难道我的心也没有了主人吗？"许衡始终没有摘梨。在混乱的局势中，平日约束、规范众人行为的制度在饥渴面前失去了效用。许衡因心中有"主"则能无动于衷。许衡心中的这个"主"就是自律。有了自律的心态，才能在没有纪律约束的情况下牢牢掌控自己。

在日常生活中，我们要做到"勿以善小而不为，勿以恶小而为之"，养成良好的习惯，事事严于律己，时时鞭策自己，保持自律的心态。自律的人具有责任意识，为他人着想，为社会着想，能够自我管理，严于律己，能够坚持不懈。在面临困境时，能够顽强坚持，不轻言放弃。自律的人能够在各种利益的诱惑下把握好自己。生活中，不自律的学生总是将手一次又一次地伸向手机，那窄小的屏幕仿佛有无尽的魔力一般，让人无法自拔，最终把自己的心禁锢、迷失在那诱人的圈套里，整个人好像掉进了屏幕下的深渊。于是学习开始心不在焉，效率变得极低，看着作业本上歪歪扭扭的字迹，一种愧疚感涌上心头。可这种感觉马上就会被手机的诱惑蚕食，只留下了无尽的欲望与懊悔。原来，手机只是麻醉剂，欢快一时，之后却要付出代价。在人生的道路上，比困境更可怕、比挫折更煎熬的是诱惑，无数人拜倒在它的脚下，无数人被它蚕食掉灵魂，只剩下物质的空壳和无尽的欲望。所以，自律是人首要的保卫者。只有拥有它才不会使我们迷失自我，不会使我们坠入堕落的深渊，不会使我们误入歧途，不会使我们离人生的正轨越来越远。不奋发，则心日颓靡；不检束，则心日恣肆。在当今社会，我们要让自律成为心底最坚实的盾牌。

从人的本性来说，没有人喜欢被纪律约束，人们更多的是对自由的渴望，对无拘无束生活的向往。然而，断线的风筝，不但得不到自由，反而会栽得支离破碎；脱缰的野马，驰骋闯荡，最终毁灭了自己并危及他人；脱轨的列车，不但不会自由，反而会导致车毁人亡的惨剧。可见，没有纪律约束的自由不是真正的自由，而是放纵。不管在哪个国家的哪所学校，制度的管理、纪律的约束都是为了使校园变得文明安全，为了让每个人获得真正的平等和自由。如果每个人都能谨言慎行，时刻做到自觉遵守纪律，就能达成纪律的终极目标——自律。

其实，当你感受到纪律的重要性并自觉地遵守它时，纪律就不再是一种束缚你的力量，而是快乐和自由的真正源泉。课堂上，全神贯注，有序和谐，教师上课时的话语就如春风吹进每名学生的心田；开会时，全场肃穆，静心默听，我们就能表达尊重、收获思考；自习时，我们安心自学，不随便讨论，不随意走动，就不会打扰他人的学习和思考，自己也能获得较高的学习效率；校园中，我们文明有礼，不乱丢垃圾，不破坏公物，就能享受洁净优雅的环境……这些看似简单的事情，实际上都是在营造一种良好的学习和生活氛围。相反，如果无视纪律，毫无自律能力，恣意妄为，那么我们既不能获得真正的自由，也会剥夺周围人的自由。

学生正处于成长发育的黄金时期，但在这一阶段又总是缺乏明辨是非的能力，而明辨是非又是增强自律能力必不可少的一大前提。如今的网络技术越来越发达，出现了许多学生在深夜用手机或用电脑玩游戏、看视频、网上聊天等现象，这不仅会直接影响第二天的学习效率，而且不利于健康，这种现象正是不能做到明辨是非的表现。自律能力的高低与自制力的强弱也有着密不可分的联系。我们总是容易被一些事物影响、吸引，从而分散了注意力，导致成绩下滑。或许我们没有想到过，我们眼中的"学霸"，他们也有手机和喜爱的事物，他们家里也有具有极强诱惑力的电子产品，他们之所以是"学霸"，是因为他们具有极强的自制力。古今中外，凡是为人类作出贡献的人都是从把握今天开始的，只有缺乏意志的人才会认为今天没有做完的事明天还可以继续做，这样的人将会一生碌碌无为，一事无成。

通往成功的征途不总是平坦的。在这漫漫征途上，有一道万丈深渊，那就是放任自我。要成功，就必须用自律筑起一座桥梁，桥的尽头是成功的彼岸。自律，是一剂必不可少的人生良药。拥有了自律，我们才能战胜诱惑、战胜自我。诱惑固然美妙，但在它短暂的背后，是无尽的痛苦。我们必须用自律的利刃将其斩断，才能驶向成功的彼岸。生活中，名利、金钱等诱惑必然存在，我们只有以一颗自律之心去面对诱惑，才能迎来明媚的人生。

对于小学生而言，自律就是在家里自己吃饭、洗碗，晚上自己洗漱，按时休息。自律就是在公共场合不说脏话，不打架，不随地吐痰，不乱丢垃圾，不踩踏草坪……从小的方面来说，它是对一个人意志力的考验；从大的方面来说，它是一个群体的思想品质的体现。大数据智能时代的来临让网上涌现出许多搜题软件。很多学生遇到难题，常常不思考，直接从搜题软件上抄答案。每当夜幕降临，望着空空如也、无从下笔的作业本，"邪恶"的念头就不由自主地冒出来。抄还是不抄？抄作业，不过十几分钟；而写作业，要花费几个小时，哪个轻松、哪个费神无须多言。抄作业若形成习惯，在考场上就会露怯。学习总要下点笨功夫，才能把知识装进脑袋里。考场上的挥洒自如和令人欣喜的考试成绩就是最好的回报。

回头看看自己走过的路就会发现，我们还有很多东西需要学习，我们还有很多地方需要改进。我们正走在前进的大道上，21世纪需要的是积极进取的精神，以及具有自主性、独立性和创造性的各类优秀人才。让我们在参与学校和班级的自主管理中提升主动性，培养自律、自强的品质，培养善于思考、奋发拼搏、勇于创新的品格，成为一名自律的学生！

江水因为有了河床，才避免泛滥，最终流向梦想的大海；轮船因为有了导航仪，才不会迷失方向，最终驶向胜利的彼岸。自律就像河床，就像导航仪，我们只有学会自律，才能避免走上歧途，最终走向成功。古人云："人无远虑，必有近忧。"只有通过现在的自我约束——坚持、忍耐和自觉，将来我们才能才华横溢、学识渊博，成就更好的自己。

第六章　积极向上，乐观自信

　　自信，就是相信自己。自信的人，通常能开朗地看待日常生活。成长的路上不一定一直开满鲜花，大家常常会碰到艰辛与荆棘、艰难与挫败。可是，只要相信自己、不畏艰难、锲而不舍，就会一步步向成功迈进。自信像一针镇静剂，能使你在喧嚣中宁静；自信像一把钥匙，能开启成功的大门。

　　列夫·托尔斯泰说过："人不是因为美丽才可爱，而是因为可爱才美丽。"在这个世界上，每个人都是独一无二的，唯一的我们，也一定会有可爱之处，为什么不发掘自己的可爱之处呢？一个人再漂亮，如果品质不好，为人处世让人厌恶，别人看着也会觉得非常丑恶；一个人长相一般，但是正直善良、有爱心，那么这个人在别人眼里也是十分漂亮的。只有把美的相貌与美的德行结合起来，才是真正的美。

　　因为自信，关云长单刀赴会，曹操写下《观沧海》的壮丽诗篇，我们对自己的肯定与信任，无论何时都要铭记，拥有自信才能拥抱成功！我们不论做什么事，都希望得到圆满的结局。自信为圆满的结局画上了重要的一笔。梁启超说过："凡任天下大事者，不可无自信心，每处一事，既看得透彻，自信得过，则以一往无前之勇赴之，以百折不挠之耐力持之。"的确，自信心对每个人来说都是不可缺少的。有了自信心，人才会有大志。李白有诗曰："天生我材必有用。"项羽在二十多岁时看到秦始皇巡游，便自信地说："彼可取而代也。"有了自信心，人才会在困难、嘲笑面前勇往直前。有了自信心，人才不会一遇到失败便萎靡不振，如霜打秋荷一般。当然，有了自信心不等于拥有了成功，自信只是我们追求理想、描绘蓝图时贯穿始终的动力。要想成功，还需要付出很大的努力。

　　自信不等于自满。自满是盲目的自信，是败事的祸根。因为自满，项羽纵然是西楚霸王，也难逃乌江自刎的结局，终成遗恨。我们需要在树立信心的同时，正确分析自己、看待自己，温室里的小苗照样经得起风吹雨打，照样可以说一句"我能行！"很多人因为相貌不美而黯然神伤，很多人不顾一切地追逐外表的光彩与华丽，这些虚无缥缈的美丽怎能敌得过一颗自信勇敢的内心？自信勇敢的心，是人格魅力的根基，是人生境界的升华。即使拥有再美丽的外表，即使拥有再多优越的外部条件，如果没有一颗如金子般自信勇敢的内心，没有坚毅与果敢的品质，所有美好的外在也就没有了意义，起不到任何作用，只会随着时光流逝而慢慢褪去，终不存在。生活的本质是能面对一切好与不好，人生的真谛在于能自信乐观地积极向上，而不是靠外表的华丽为自己添彩。只有那些自信勇敢的人，才不会在乎外在的优劣，才会一如既往地走下去，活出越来越精彩的人生。自信的人犹如在炎热盛夏仍淡淡绽放的荷花，在白雪飘飘之时仍绽放的腊梅，令人眼前一亮。

"自信人生二百年，会当击水三千里。"对于自信的人来说，每天都是崭新的、充满希望的、美好的。自信是人生的火焰，没有它，一切都将变成黑暗。风吹过，再没有了声息，随着时间的打磨、岁月的沉淀，过往的青涩渐渐褪去。过去已经成为历史，未来似乎遥不可及，只有现在才是最真实的，我们要自信地把握现在，执着地追求生活，不因为风雨的侵袭而凋零，不因为时光的流逝而冷漠。相信自己的能力，它几乎是所有成功人士必备的心理因素。有时人们把自信与自大、狂妄相混淆，但其本质却相差万里。自信是人对自己充满信心，有勇敢拼搏、不向困难低头的勇气；而自大与狂妄则表现为骄傲自满、自以为是，觉得自己无所不能。自信是一种强大的精神力量，它是我们战胜困难获得成功的前提与保障，是我们被困难打倒后，再站起来的动力。自信会使我们从容地面对艰难险阻；自信会使我们意志坚定，不回避、不退却；自信会使我们乐观向上。

但是，自信并不是天生的，也不是任何人都具备的。很多人缺乏自信心，经过一番生活的折腾，尝到一些生活的苦，就自惭形秽起来，还有的人会通过贬低自己来预防生活中的失败。他们认为，自信是一种"凶险"的品质，人越自信，就越容易碰钉子，越容易成为众矢之的，所以应该"夹着尾巴"过日子。有的人从小就失去了自信，因为大人们总是这样训斥他们："瞧，你这个笨蛋，什么都做不好！"久而久之，他就真的认同了这些话，以后碰上个小困难，遭遇了失败，他就会这样宽慰自己："反正我从小就是一个笨蛋，怎么能异想天开呢？"没有了自信心，就没有了一盏指路的明灯；没有了自信心，就没有了迈向成功的阶梯。我们在生活中离不开自信心，就像鱼儿离不开水、瓜儿离不开秧。

"自信是成功的基石。"这句话深深地震撼着无数人的心，无数次激励着人们前行，因为它是铁铮铮的事实，因为它是不可辩驳的格言，因为它是千古不变的哲理。自信心对于一个人来说尤为重要，人生的路曲折而漫长，只要你迈步，困难和挫折就不可避免。这时，如果有自信作为忠实的伙伴和朋友，便能不再畏惧风雨的肆虐，从重重困境中奋起。只要有信心，能勇敢地走出苦涩与沉重，便会发觉生活原本是那样美好；只要有信心，纵使眼前的天空一片阴霾，也能微笑着坦然地面对。一个人如果失去了信心，就成了失去灵魂的一具躯壳，永远生活在失败的阴影里。

然而，人的身体里往往还有另一种心理在与自信作对，这种心理往往比困难和嘲笑更容易阻碍我们前进。那便是自卑。自卑不是与生俱来的，它是在外界强大困难的压力下产生的。要想克服自卑，就必须磨炼坚强的意志，树立坚定的自信心。"彼，人也；予，人也。彼能是，而我乃不能是！"引来火种，烘干自卑的潮气，智慧的干柴才会燃起熊熊火焰。如果小鹰能够树立自信，克服自卑，就能像雄鹰一样，展翅高飞，凌空翱翔。

心存自卑，就会看云云幻，看雨雨寒，看天天暗，看花花残；心存自信，就会看山山秀，看水水清，看天天晴，看花花艳。自卑的人追求的是比别人强，他要的是胜过别人；自信的人追求的是比自己强，谋求的是超越自我。自卑的人从事物中得到烦恼，产生苦闷；自信的人从事物中感悟快乐，获得启示。自卑，就是低估自己的能力，觉得自己各方面不如别人，缺乏信心和勇气；自信，就是正确地评价自己，发现自己的长处，肯定自己的能力。自卑是对自我消极的认识。自信是一种积极的自我概念。自卑就是我不行，非他莫属；自信就是我能行，舍我其谁。自卑的人轻视自己，往往看不到自己的能力，即使可以做得很好，也不敢尝试；自信的人能够实事求是地看待自己，既能够看到自己的优点，也能看到自己的缺点。自卑于人性，自信于理性。自卑让人可怜，自信令人尊敬。自卑就是一种做人做事的不健康心态，一种心性不成熟的行为模式；自信就是一种做人做事的健康心态，一种成熟理性的行为模式。自卑，来源于对自己过于片面、负面的评价，改变这种评价，自卑就会消失，人就会变得自信起来；自信，来源于对自己正面、客观的评价，想自信，首先就要去除自卑。自卑者，在弱者面前不自信，在强者面前不自强；自信者，在弱者面前不自大，在强者面前不自贬。自卑就是过于低估自己的能力，其后果就是无道理地看扁自己，所以自卑的人不易成功；自信就是对自己有信心，其前提是对自己的评价公正恰当，自信是力量之源，是成功之本。自卑不等于没有了自信，而是压制了自信；自信不等于没有了自卑，而是战胜了自卑。在自卑中崛起，就是超越自我，超越灵魂的羁绊；在自信中自律，就能战无不胜，走向更加精彩的舞台。

很多事实证明，自信是大多数人具备的品质，也是一个人获得成功的重要因素。人们常说，一个人在生活中不怕被别人击倒，因为他会再次爬起来，最可怕的是被自己击倒，因为他很难再有期望了。怎样才能避免"自己把自己击倒"呢？这就需要自信。自信的人是永远不会被社会击败的，除非他自己最后精疲力竭，无力拼搏。自信是人生成功的基石，人踏着自信的阶梯才能步步登高。有了自信，人才能达到自己所期望达到的境界，才能成为自己所期望成为的人。坚持自己所追求的"信仰"。

如果说认真是学习道路上的支点，那么自信便是使这个支点更加牢固的胶水。如果说快乐是人生道路中最美好的心情，那么自信便是使这种心情更加美好的添加剂。自信，是美好的添加剂。当我们在活动中不愿表现自己时，添加一些自信吧，它会使我们收获竞争的乐趣；当我们在课堂上不愿意发言时，添加一些自信吧，它会使我们明白掌声的意义；当我们在生活中不愿和他人交谈时，添加一些自信吧，它会使我们感受到友情的美好。自信，果真是一味美好的添加剂：它会让快乐的人更加快乐，会让胆小的人收获勇敢，会让青少年变得更加朝气蓬勃！如果说挫折是使我们更加坚强的力量，那么自信便是使这种力量更加强大的良药。考试前"喝一杯"自信吧，它会使我们在考试答题时更加流畅；比赛前"喝一杯"自信吧，它会使我们在竞赛时更加自如；交朋友前"喝一杯"自信吧，它会使我们在交朋友时更加有气质。自信，果真是一剂良药：它会使焦虑的人变得更加镇定，会使平凡的人变得气质倍增。在自信中行走，是不是妙处多多呢？如果说勇气是人所必需的品质，那么自信就是使这种品质更加独特的金粉。有人说："每一个人身上都有他的闪光点，使他的闪光点更加独特的便是自信。"当我们的成绩离优秀还差一点时，"撒一点"自信吧，它会使我们拥有前进的底气；当我们的才艺离别人还有一些距离时，"撒一点"自信吧，它会使我们拥有不同于他人的气质。自信，果真是一瓶独特的金粉。自信心对于一个人来说尤为重要，人生道路上的困难和挫折不可避免。这时，如果有自信作为忠实的伙伴和朋友，便能不再畏惧风雨的肆虐，从重重困境中奋起。有了信心，便能勇敢地走出苦涩与沉重，便会发觉生活原本是那样美好；有了信心，纵使眼前的天空一片阴霾，也能微笑着坦然面对。

不经历风雨，怎能见彩虹？回想成长路上深浅不一的足迹，我们不由自主地想起经历过的曲折，还有那泥泞和铺上稀疏石头的地面。一旦我们怀揣自信，走出第一步，接连二三步，便会促使我们前行，但如果我们甘于做丑小鸭，不思进取，便不会发现自己有一天也会成为白天鹅。一个人之所以被万人瞩目，且无人能模仿，并不在于其外表的华美、个性的独特，而在于一种内在的灵魂——自信。自信不仅在那些追求成功的人的眉宇间流露，在明眸里闪烁，更在理智与抱负中增辉，在勇气和智慧里溢彩。自信是人们心中的曙光，总能鼓舞人冲破黎明前的黑暗，去追求光明。自信是一粒深埋大地的种子，带着成为一颗参天大树的梦想去摆脱土壤的束缚，与风雨搏斗。自信能引导一个平凡的人做出不平凡的事。

我们当然要自信，但不要过分自信。正如罗斯福所说："过分自信和自鸣得意都是我们的死敌。"自信是人对自身力量的一种确信，深信自己一定能做成某件事，实现所追求的目标。但过于自信就是自负。

当项羽看见高高在上的秦始皇时，他说出震撼人心的"彼可取而代也"。这足以让人明白其自信。而后他在巅峰时期，以破釜沉舟深入人心。此时的他，以"西楚霸王"之名向世人宣告了自信心和权利的高度。自信与自负仅有一字之差，而给人带来的影响却有天壤之别。骄傲是促使自信转变为自负的重要原因，正如西楚霸王一样，以刘邦向自己示弱为傲，以称霸天下为傲……可这一次次不节制的骄傲，却给他带来了失败，他的自信也变成了自负。自信与自负的转换是相对的，只需成功时谦虚，失败时不屈，自信就不会与自负沾边。如果自信是通往天堂的大门，那么自负即是指向地狱的深渊；如果自信能使人前途顺利，那么自负终会使人半路迷惘。是自信？还是自负？终归取决于我们。年龄尚轻，但却能征服秦王朝者，唯有西楚霸王项羽。他那短暂的成功靠的是自信，而他的失败却因为自负。惜垓下之战，四面楚歌，腹背受敌。但他却未屈服，临死也不否定自身的卓越——"然今卒困于此，此天之亡我，非战之罪也"。

自信首先要信任自己。做人最主要的原则之一是把握自身自信的程度。自信者，遇事不乱，待人恭敬，逢易则信心应对，遇难则迎难而上；自负者，高傲自大，刚愎自用，凡事皆不入眼帘，最终只会导致失败。人必须自信，但绝不可自负；否则，只能效法项羽，骄矜自许，唯自信一己之智，而不师法古人，以为霸王之业已成，要以武力征伐经营天下，以致只有五年，终于亡国，身死东城，还不能觉悟，而不肯自我检讨，那实在是错了。

可惜现在有些人常以成功为傲，把握不了自信的程度，做人做事时常带着自负的心理。于是，我们见到了一群处处藐视他人，有一丁点儿成绩就到处炫耀的人。能否做到不骄不躁主要在于人们自身的心态。如果能始终不为自负所染，始终保持自信，那么这个社会也将会变得更加美丽与纯洁。

中华上下五千多年的泱泱文化如烟似缕，缥缈于中华儿女的文化基因里。树立文化自信，共铸民族之魂，这正是我们新时代青少年的重大历史使命。文化自信是源自内心的柔软潜力，它萦绕幻化成舌尖的潜行记忆，自成独特风味。苏轼贬途不忘美食，"东坡肉"流传至今；走在城市的大街小巷，亦可见许多餐品凭古时味道蹿红……"北粟南稻""北咸南甜"，中国人的舌尖文化异彩纷呈，我们的心灵也由此萌发出潜滋暗长的一股劲儿，为匆匆行于世间的平凡旅客加油打气，送去一份份温暖的原动力。文化自信是外化于行的视觉盛宴，它在鳞次栉比中增添花样元素，在人们心中播撒下文化种子。北方传统四合院体现的长幼尊卑有序是儒家礼教思想的生动演绎；苏州园林精巧别致，是南方小桥流水自成一派的温婉；福建客家土楼庞大壮观，是人类适应自然的完美体现……

回望文化之旅中先人的智慧结晶，我们又有何理由不自信？文化自信是跨越时空的点睛之笔，它自古歌向今调创新衍变，产生无限文化魅力。"天生我材必有用，千金散尽还复来"是李太白的飘逸洒脱；"落霞与孤鹜齐飞，秋水共长天一色"是王子安的才高八斗；"安得广厦千万间，大庇天下寒士俱欢颜"是杜子美的兼济天下。粗布黔首间亦能"腹有诗书气自华"，挺直中华民族的脊梁，吟所感为诗，正是不一般的文化自信。文化自信是新时代创新的历史方向，它为"神女应无恙"谱出"当惊世界殊"的中国奇迹，是现代化与传统文化的纽带，让学习强国成为一种新兴时代风尚。我们曾被唱衰是"被智能产品毁掉的一代"，但只要保有文化自信，我们就能毅然肩负后浪的职责。

在当今中华大地上，中华儿女正在谱写中华民族伟大复兴的壮丽诗篇。让我们扬起自信的风帆，驾驭名为"努力"的小船，共同驶向成功的彼岸！

第七章　自强进取，刻苦勤奋

"天行健，君子以自强不息；地势坤，君子以厚德载物。"《周易》告诉我们：君子当心理自尊、生活自理、行为自律、学习自主、性格自强。圆通的智慧，生动的人格，一如千年大江，从现在流到将来，涛声依旧。

现实生活中的我们应该做到自理、自律、自主、自强。回顾过去，思索我们学到的东西，会发现原来我们学到的是成功、胜利的秘诀——自理、自律、自主、自强。也就是说，我们应做到生活上的自理、行为上的自律、学习上的自主、性格上的自强。生活上的自理，即能自己照顾自己。自觉遵守各项规章制度，自觉自愿地学习，不让老师担心，让家长放心。行为上的自律，即能够约束自己的行为。不做违反纪律的事情，在校园生活中不能无组织、无纪律。平时上课我们应尊重老师，自觉学习。自主完成作业，不借助别人的劳动成果。学习上的自主，即能够自主复习预习。现在很多学校实行高效课堂，这是对学生的考验，我们应多向老师讨教学习的方法，多与老师同学交流思想，自觉参与学习。每天坚持复习当天课上学的内容，预习明天上课的内容，坚持整理错题集，不因放假而松懈。永远记住学习是为自己而学，不是为他人而学。只有明确这一点，成绩才会有所提高。要提高学习效率，拒绝拖延，能当天完成的任务坚决不拖到第二天，与时间赛跑。性格上的自强，即中华民族传统美德中的自强不息。我们应该树立自信心，增加战胜困难的勇气。我们要有不被困难打倒的韧劲，有不达目的誓不罢休的决心。我们要争做懂礼仪、会学习、爱生活的阳光少年。

古今中外名人贤者之所以能功垂千古、流芳百世，大都与他们在青少年时期的勤奋学习分不开。人生要创造出辉煌业绩，离不开青少年时期的奋发努力，这就如同秋天的收获，离不开春天"不误农时"的播种一样。如果一个人荒废了青春这个黄金时期，定会终生遗恨。在岁月的流逝中，勤奋的人付出的是汗水和心血，得到的是成绩；懒惰的人付出的是生命，而得到的却是空虚和衰老。学问、事业都是时间和精力的结晶，这就要求我们珍惜时间、勤于学习、勤于思考、勤于探索、勤于实践。知识不是商品，不是金钱能买到的，只有通过勤奋努力和日积月累地寻求探索才能获得。

孟子，战国时思想家、政治家、教育家。在他小的时候，有一天放学回家，他的母亲正在织布，（见他回来）问道："学习怎么样了？"孟子（漫不经心地）说："跟过去一样。"孟母听到后（见他无所谓的样子，十分恼火）便用剪刀剪断了织好的布。孟子害怕极了，就问母亲这样做的原因。孟母说："你荒废学业，如同我剪断这布一样。"孟子吓了一跳。从此，孟子勤奋学习，从不偷懒。后来，孟子在中国历史上留下了绚丽的一页，为中国教育事业留下了宝贵的非物质文化遗产，成为我们尊崇的古圣先贤之一。他的教育思想至今对人们有很大影响。

同样，匡衡"凿壁偷光"的故事也一直教育着我们。匡衡是西汉著名的经学家，他一直很勤奋，可是由于家境贫寒，买不起灯油，一到晚上，他就无法看书。一天他灵机一动，想到可以借助邻居家的灯光看书。于是，他在墙角偏僻的地方凿了一个小小的窟窿，顷刻间，灯光照入房间，匡衡连忙凑到那一小块宝贵的亮光处，专心地看起书来。从此以后，他白天看书，晚上就盘腿坐在墙角的光线下学习。他博览群书，终于成了一代学者。匡衡的故事不仅教会了我们要努力学习，更重要的是他教会了我们如何做一个遇到困难不退缩的人。我们肩负着建设祖国的重任，继承和发扬中华民族的优良传统是我们的职责。现代社会的物质条件很好，可以为我们提供良好的学习环境。大部分学生不愁吃不愁穿，更不用像匡衡那样凿壁偷光，所以我们更应该好好学习。我们有大把的时间去钻研，所以更不应该辜负家人和社会对我们的期望。

东晋范阳遒县（今河北涞水）人祖逖是一个胸怀坦荡、具有远大抱负的人。可他小时候却是一个不爱读书的淘气孩子。进入青年时代，他意识到自己知识的贫乏，深感不读书无以报效国家，于是开始发奋读书。他广泛阅读图书，认真学习历史，从中汲取了丰富的知识，学问大有长进。他曾几次进出京都洛阳，接触过他的人都说，祖逖是一个能辅佐帝王治理国家的人才。祖逖二十四岁的时候，曾有人推举他去做官，他没有答应，仍然不懈地努力读书。后来，祖逖和幼时的好友刘琨一同担任司州主簿。他与刘琨感情深厚，有着共同的远大理想：建功立业，复兴晋国，成为国家的栋梁之才。一次，半夜祖逖在睡梦中听到公鸡的鸣叫声，于是他叫醒刘琨，对他说："你听见鸡叫了吗？"刘琨说："半夜听见鸡叫不吉利。"祖逖说："我偏不这样想，咱们干脆以后听见鸡叫就起床练剑如何？"刘琨欣然同意。于是，他们每天听到鸡叫就起床练剑，剑光飞舞，剑声铿锵。春去冬来，寒来暑往，从不间断。功夫不负有心人，经过长期的刻苦学习和训练，他们终于成为能文能武的全才。祖逖被封为镇西将军，实现了报效国家的愿望；刘琨做了征北中郎将，兼管并、冀、幽三州的军事，也充分发挥了他的文才武略。无数成功人士的案例都在告诉我们，无论什么人，只要内心有坚定的信念，并为之竭力拼搏，成功离你就不会太遥远。

荀子曾说："学不可以已。"意思是学习不可停滞不前。首先，一定要刻苦读书。古人一直告诉我们，要发愤读书。邴原十一岁时，父亲过世，虽然家境贫穷，却对读书无限向往。好心的私塾老师被邴原好学的品质感动，就让邴原在他那里免费读书。宋濂也是如此，"以是人多以书假余，余因得遍观群书"。宋濂有两个优点特别值得我们学习：第一，刻苦；第二，守时。宋濂没有办法买书来读，想尽办法向藏书丰富的人家借书，并按时归还。因而他才遍观群书。还有夏侯玄，一个雨天，他倚着柱子写信，雷电击中了他趴的柱子，将他的衣服都烧焦了，他仍然神色不改，继续书写。

相反，《伤仲永》中方仲永五岁能作诗，天资过人，有神童之称。但是父亲不肯让他读书，方仲永没有机会获取新知识，所以最终变得与普通人没有什么两样。读书是一件令人开心的事，可不要像方仲永那样，把聪明才智消耗殆尽。

"君子坦荡荡，小人长戚戚""君子喻于义，小人喻于利"都是孔子说过的话。相传，孔子六十岁时，还要拜师学琴。他学琴与别人不同，别人总是迫不及待地要求学新曲子，往往一首曲子只学两三天，可是孔子学一首曲子埋头一练就是十天。明明已经熟练了，还是不肯换新曲子。这是为什么呢？原来孔子不但要把曲子练熟，而且要通过曲子旋律来揣摩曲子的精髓和主人公的人品、个性、精神。孔子的好学精神深深地感动了他的老师。书法家王羲之每天都很早起床，洗漱完毕就开始练字，一练就是好久，不知写坏了多少支笔。这两则故事让我们明白了没有人能随随便便成功，所有的成功都需要通过勤奋努力获得。每个人的面前都有一个水池，隔岸便是成功。当今人们大多过着衣食无忧的生活，但优越的物质条件却并不完全是我们成长路上的"助推器"，有时候反而是走向成功的"绊脚石"。因为安逸有时会使我们只求享乐而不思进取，不知不觉中原地踏步或落到后面。

现实生活中，勤奋的表现也有不同。有的人一边打瞌睡，一边要求自己刻苦坚持。读书要勤奋，这是不错的。但凡事都应有一个限度，不然，轻则效率不高，重则搞垮身体。所以我们不但要勤奋，而且要学会休息。鲁迅的休息方式很独特，当感到疲劳时，他就翻翻政治、经济、历史等图书，这样，转移一下注意力，使大脑得到休息，同时积累了一些知识。这也是一种勤奋。勤奋，不是指一味埋头写、埋头读，思考也是不容忽视的。翻开史书就会发现，古今中外，凡是有重大成就的人，在其攀登高峰的征途中，都注意给思考留出一定的时间。勤奋之花要扎根在实践的土壤里，更要用思考的汗水来浇灌。

师旷曰："少而好学，如日出之阳；壮而好学，如日中之光；老而好学，如秉烛之明。"少年如初升的旭日，为大自然带来希望；少年如肥沃的土壤，为花草给予营养；少年如夏日的雨水，为干涸的大地带来生机，少年如冬天的瑞雪，为来年春天做好准备。因此，作为少年，要自强不息，学有所成。如果把人生比作一年中的四个季节，那么少年时期就是生机勃勃的春天。美好的少年时期总是稍纵即逝，所以我们要懂得珍惜，要学会自律自强，就像生命顽强的小草那样，野火烧不尽，春风吹又生。在我们身体迅速发育的少年时期，努力学习，发奋苦读，将书中的宝石装进我们的大脑，奋勇前行。

李世民曾说："夫以铜为镜，可以正衣冠；以古为镜，可以知兴替；以人为镜，可以明得失。"在学习中我们也应当如此，从历史中，从他人身上发现对错，以防己过。"少劳而老逸犹可，少甘而老苦则难矣。"这是因为困难的生活可以使人筋骨强健，娇生惯养只会折损一个人的精力，如果能够抛弃怨恨与贪欲来修身养性，保持刚强的心性以勉励自我，那么就会取得长足的进步。

作为青少年，要想在竞争日益激烈的社会中获得成功，自强是必不可少的因素。少年只有顶天立地，无愧于心，自强于世，才能迈出通往成功的最后一步。作为青少年应具备宗悫愿乘长风破万里浪的雄心壮志，具备季布一诺千金的品德，具备愚公移山坚持不懈的毅力，才能够在这个世界站起来。少年就应该有初生牛犊不怕虎的冲劲。少年是祖国的未来，是民族的希望。只有少年自强不息，国家才会繁荣富强。我们也要怀揣一颗报国心，践行报国之行。今日，一粒自强的种子在我们心中埋下，不久的将来，它必定在知识与美德的浇灌下，长成参天大树。

中国经历千年风雨的洗礼，在不断强大，不断向世界展现着实力。中国在努力，中国少年更应该自立自强，牢记先辈曾经做出的努力，如周恩来总理所说的"为中华之崛起而读书"。党的十九大报告强调，"青年兴则国家兴，青年强则国家强，青年一代有理想、有本领、有担当，国家就有前途，民族就有希望……广大青年要坚定理想信念，志存高远，脚踏实地，勇做时代的弄潮儿，在实现中国梦的生动实践中放飞青春梦想，在为人民利益的不懈奋斗中书写人生华章!"所以中国少年要自立自强，不断成长，不断磨砺，少年当自强。

"天行健，君子以自强不息"，自强是生命之源，自强是人生最大的财富。因为自强，所以青春得以绽放绚烂的光彩；因为自强，所以人生才能书写优美华章；因为自强，我们所热爱的祖国，我们所怀有的梦想，才得以壮大、得以实现。中国梦需要自强，自强支撑着中国梦；中国少年需要自立自强，自立自强塑造着中国少年。即使生活布满坎坷，少年也会披荆斩棘；即使路有挫折，少年也会勇往直前。

少年强，则国强；少年自强不息，则国自强不息。一个能够自立的人，一定有他独有的骨气。自强不息者，在面对挫折和失败时，不会一蹶不振，而会坚强地站起，用自己永不服输的精神和坚韧不拔的毅力，来扬起自强的风帆，迎着惊涛骇浪，驶向成功的彼岸。

所以，我们不能甘于现状、得过且过，我们要勇于挑战，去拼搏，去超越。但是我们也要记住，不要为努力而努力，要为做一个有价值的人而努力。其实，大多数时候，打败我们的不是挫折和挑战，而是我们自己。我们要明白，平凡不可怕，可怕的是我们甘于平凡。其实，成功并不遥远，只要敢想、敢拼，就没有什么是做不到的，只要我们意志坚定地奔向远方，终会到达心中向往的地方，在那蔚蓝的天空上翱翔，绽放属于我们人生的精彩，迸发出我们民族独特的精神。

少年卓越则国家昌盛，对新时代新的莘莘学子来说，要想成为顶天立地、志气昂扬、不卑不亢、心怀梦想的少年，就应当把坚强不屈、勇敢独立、通透明达、自信自强镌刻进骨血里，唯有这样，才能彰显璀璨无悔的生命价值。习近平总书记指出："青年在成长和奋斗中，会收获成功和喜悦，也会面临困难和压力。要正确对待一时的成败得失，处优而不养尊，受挫而不短志，使顺境逆境都成为人生的财富而不是人生的包袱。"习近平总书记温馨、深刻、诚挚的话语，殷殷嘱托每个少年都把责任、担当、坚韧、奋斗、博学、友爱、诚信、奉献和爱国牢牢刻在心里。

在中国梦、个人愿的大蓝图之下，少年应当强身健体、砥砺意志，努力成为一个心中有梦、敢于造梦、勇于追梦、勤于圆梦的理性的人。只有这样，才不会荒废自己的大好青春，也不会错失最为宝贵的时代机遇，更不会辜负祖国的栽培。俗话说：失败是成功必不可少的一个环节。希望少年不要太过在意一时的失败，因为成长路上所谓挫折、失意、打击和失望都是玫瑰根茎上尖锐的刺罢了，待到玫瑰花娇艳绽放的那一刻，所有苦难和风雨都会是最好的养料。

穿越历史的洪流，采撷一片真情。因为责任的肩负，生命是如此厚重。也许我们像路旁一株普通的小草，无法如鲜花般灿烂迷人；也许我们像山涧里一股不为人知的清泉，无法如大海般浩瀚奔腾；也许我们只是芸芸众生中最平凡的一员，无法如伟人般惊天动地、举世瞩目。我们可以默默无闻，但绝对不可以缺乏"自强"这种品质。重温中国近代史，鸦片战争、火烧圆明园、甲午战争……那一幕幕历史仿佛重现在我们眼前，心中掀起万丈狂澜，久久不能平复。我们要怀揣一颗报国心，用自己的实际行动证明给全世界看。21世纪的中国少年，不是温室里的花朵。我们离开大树的庇佑，离开雨露的滋润，照样可以生长得茁壮。

自强，是中华民族千百年所凝聚出来的民族精神，它带领中华民族克服了一个又一个困难，哪怕再次摔倒，也会再次爬起，因为我们是自强的中华儿女，我们从不向失败低头！因为自强，所以我们不畏艰难；因为自强，所以我们笑对挑战；因为自强，所以我们变得更加强大。

"穷且益坚，不坠青云之志。"自强永远都是一个民族经久不衰的不二法门，它是中华民族千百年凝聚出的民族精神，它指引着我们，栉风沐雨，砥砺前行，在让我们变得更加强大的同时，也让我们豪迈地站在中华大地上，傲视群雄！

第八章　严于律己，宽以待人

《菜根谭》有言："人之过误宜恕，而在己则不可恕。"懂得恕人，方能慎独。"严于律己，宽以待人"，这八字箴言，应该成为人生的田字格，框住恣意的笔画，留下端正的字迹，规矩方块字的大小，为言为行，立德树人。

孔子的学生子贡曾问孔子："有一言而可以终身行之者乎？"子曰："其恕乎。""恕"，用今天的话来讲，就是宽容。"严于律己，宽以待人"说起来容易，但要完全做到诚然不易，原因在于一般人往往看到世间的人或事不符合自己的心意，就会觉得不满意、不舒服，心里充满懊恼，就想责怪别人、教训别人。因此，即使再愚笨的人看别人的问题和过失，也都能看得清楚、说得明白，因为他是在按照自己的标准要求一切；但是即使是聪明的人要反省自己的问题和过失都是十分困难的，因为他往往不清楚应该遵循的道理是什么，或者更容易原谅自己的过失，或者下意识地为自己辩解开脱。

通常，我们会讲很多大道理来掩饰烦恼，看到人家的过失，觉得自己很了不起，像这样在德行上要进步是非常困难的。德行上进步的第一步，要努力看清自己的问题和过失。学了道理，拿来衡量别人的对与错很容易，但用来反省自己就非常困难，需要很大的勇气；而且只在道理上认识到自己应该如何做还是不管用，还必须身体力行，做到实处。所以，遇到矛盾和困难，永远要先改变自己，不要批评埋怨他人。我们只有时时观照、省察自己，并且用宽容的心包容他人的过失，自己才可以增长德行，也才有可能影响他人。

怎样对自己，怎样对他人，这是人生的两大难题。有的人认为人生苦短，为何不能对自己好一些？还有的人认为应该严于律己，宽以待人。很多时候人们首先会考虑自己，不论是对是错，都会为自己找各种理由，这一点是很难克制的。如果再去无条件地说服要对自己好一些，那么这种成全就成了一种纵容，一种对于自私心理的纵容。这份纵容就如同父母对孩子的溺爱，也许会带来轻松快乐，但同时会带来盲目的自信与自大。要知道这是成长的大忌，因为所谓成长其实就是不断从自身寻找问题，再去改正问题的一个过程，而过度的自信只会蒙蔽我们的双眼，让我们只能够从他人的不足中来汲取那微不足道的经验，但过不了多久，自己身上的优点就会被自大与愚昧消耗殆尽。所以，真正明智的人从不纵容自己，君子以细行修身，不以细行取人。严格要求自己，让自己能够做出正确而明智的选择；但不用严苛的方式去要求别人，让自己变得大度善良而又有原则。这样，既可以让自己成长，养成慎重做事的习惯；也可以广交好友，成为一个负责可靠的人。

在我们的日常生活中，严格地对待自己，多发现一些他人的美，以及注意他们的闪光点，多加赞美，会使我们的生活变得更加美好。"工于论人者，察己常阔疏"，专门议论别人的人，往往很少省察自己。这种人如果把这些精力用在自己的身上，岂不是更好吗！只有很好地对待他人，他人才能以同样的态度对待自己。包容他人，他人才能包容我们。人与人之间的关系才能变得更加友善。只有心胸宽广的人才能交到好朋友；只有严于律己的人，才能够成就更好的自我。学习他人的优势，弥补自己的不足，学到其他更有用的知识，使自己的知识面更加宽广，同时能结交到一些好的朋友。一举两得的事，何乐而不为呢？

宽容在人际交往中是十分重要的，它是开启人际关系的一把金钥匙。一个人一生中难免会犯错，犯错之后，最需要的就是取得他人的谅解、关怀与帮助。就如我们犯错时需要他人的宽容，在他人犯错时，同样需要我们的宽容，彼此互相宽容，友好的关系也就建立了。古语说得好："金无足赤，人无完人。"不管是一个多么出色的人，都会在与别人接触的过程中有些许过失，这就需要对方的宽容、理解与关怀。

"海纳百川，有容乃大。"这句话说出了宽容的真谛。古人云："自出洞来无敌手，得饶人处且饶人。"宽容他人，就是善待自己。古时候，蔺相如因为"完璧归赵"而被封为上卿，位居廉颇之上。廉颇很不服气，多次羞辱蔺相如，而蔺相如只是一味地回避、容忍。蔺相如的门客以为他畏惧廉颇，然而蔺相如却说："秦国不敢侵略我们赵国，就是因为有廉将军。我对他容忍、退让，是顾全大局。"不久，这话被廉颇听说，廉颇被蔺相如的宽大胸怀感动，就有了"负荆请罪"的故事。试想，如果蔺相如心胸狭隘，赵国就会因内斗而被秦国攻破。蔺相如这种以大局为重的心态，值得每个人学习！

人与人之间，可能会因为彼此想法不一致而产生不同看法，面对这类问题，我们应该做到宽容。其实，就是敞开心扉多一些包容就够了。但是，并不是所有人都拥有理智的处事态度和宽阔的胸襟。

当年猛将众多、谋士如云的项羽曾拥有过韩信等一大批勇士，可他刚愎自用，使众多谋臣良将纷纷挂冠而去，最终落得四面楚歌，自刎于乌江的下场。屠格涅夫曾说："不会容忍别人的人，就不会得到别人的宽恕。"这句话在项羽身上得到了验证。他若能用广阔的胸怀面对处处为他尽忠的谋士，多一份理性，多一份豁达，当年的楚霸王何至于发出"虞兮虞兮奈若何"的慨叹！卡耐基曾说："人格成熟的重要标志是宽容、忍让、和善。理性的定义中也有一种名叫宽容的元素，它是一切聪明才智的起点。"

宽容可以化解人们的误会，让人与人之间的关系变得美好。宽容他人就是释放自己，还心灵一份恬淡。面对一个无意中犯下的错误，我们应该宽容。面对亲人、朋友，我们应该以宽容去面对他们。

常言道："忍一时风平浪静，退一步海阔天空。"这里的"忍"与"退"并不是懦弱，而是宽容。宽容是指做人要有度量，不苛求。宽容可以改变人们的处境和心境。宽容是一种教养，是一种原则。如果我们宽以待人，那么别人也会对我们宽容。

清代，山东济阳人董笃行在京城做官，他的家人和邻居因为盖房子争地基之事给他捎信，希望他出面解决此事。董笃行看后马上回书一封："千里捎书只为墙，不经使我笑断肠。你仁我义结近邻，让出两尺又何妨。"他的家人觉得董笃行说得有道理，便在盖房子的时候，让出了几尺；邻居看董家如此，便也效仿，让出了几尺。结果，两家共让出六尺，形成了一个胡同，世称"仁义胡同"。人生虽然有很多不如意的事，但如果学会包容，这些不如意的事就会有不一样的味道。之所以天地广大、雨露流行，是因为它们的气节和气度。宽容，就像射向黑暗的一缕阳光，给人前进的力量。

曹操是三国乱世中出名的枭雄。他生性多疑，但又待人和善，尤其是对谋士名将。当年关羽与刘备失散，不得以降曹。他亲自出帐迎接，宽容地接待了关羽。关羽说只要听到刘备的消息，就要不远万里去投奔。曹操听了不仅不怒，反而称赞关羽忠义。这才有日后关云长连斩颜良、文丑。后来曹操几走华容道，也正是关羽救他一命，才得以逃生。

宽容与纵容不同。宽容他人，严责其过，方可惩前毖后，而姑息纵容，只能使人一错再错。对于目无法纪的行为不能宽容，否则会助纣为虐。宽容既是一种修养、一种品质，更是一种美德。宽容并不是胆小无能，宽容是一种海纳百川的大度。而那些善于嫉妒的人，遇到一点小事就怨天尤人，那些人纵然再有学问，也难成大器。《三国演义》中，有则耳熟能详的故事——"三气周瑜"。赤壁之战后，周瑜欲夺取荆州，却被诸葛亮抢先夺得，气得咬牙切齿。后来，周瑜想借将孙权的妹妹嫁给刘备的机会，把刘备扣下，逼诸葛亮交出荆州。不料诸葛亮用计使周瑜"赔了夫人又折兵"。最后，周瑜见刘备不还荆州，率兵攻打，却吃了败仗。想到连连输给诸葛亮，心里愤懑，仰天长叹道："既生瑜，何生亮？"周瑜气急又加之旧伤复发，不治身亡。这则故事中，周瑜是一个卓越的军事家，才能出众，足智多谋，把庞大的东吴水师管理得井井有条。当他得知诸葛亮的神机妙算时，虽然自叹不如，但不甘落败，于是天天在心中盘算如何打赢诸葛亮，在发出"既生瑜，何生亮"的哀叹后，落得个吐血身亡的结局。如果周瑜能像蔺相如一样拥有宽广的胸怀，这则故事的结局应该就会有所不同。

在生活中我们难免会与他人发生摩擦。当他人踩到你的脚时，你可以摆摆手，说声没关系；当他人弄坏你的东西，向你道歉时，你可以付之一笑。人生如此短暂，我们又何必把时间浪费在这些无谓的摩擦上呢？天地如此宽广，但是比天地更宽广的应是人的心胸。因为宽容，纷繁的世界才变得洁净；因为宽容，单调的生活才显得美丽。宽容赋予了生命美丽的色彩，让我们一起学会宽容，使生活变得更加和谐美好。

春秋时期，齐桓公在位前与其兄公子纠争夺君位。纠的部下管仲曾领兵拦截齐桓公，一箭射中其衣带钩。齐桓公在位后誓报一箭之仇，但他的臣下鲍叔牙极力推荐管仲，说齐国要称霸，非管仲不可，于是齐恒公不计前嫌，任用管仲为相。这是一种宽容，一种博大的胸怀。齐恒公正是拥有这种大度的胸怀，最后成为春秋五霸之一。

俗语道："宰相肚里能撑船。"宽容是使人走向成功的一座桥梁，能带人走向辉煌的成功。唐太宗时期，魏征是一个大忠臣，几度向唐太宗进谏。按常理而言，忠言逆耳，如若是君王，则必有天子架势，贤臣之言必有忧心之时。可唐太宗有大度之心，对魏征进谏毫不恼火，而是诚心地下马迎谏。于是，在魏征的辅佐下，才出现了盛极一时的"贞观之治"。倘若唐太宗没有一颗宽容的心，对良臣谏言不理不睬，甚至恼羞成怒，还有哪个臣子敢谏言呢？

唐太宗不计前嫌，重用了曾为太子效力的魏征，宽容他的犯颜直谏，纠正了自己的错误，这才有了"贞观之治"；曹操宽释背叛自己的部下，不追究他们写表忠信给袁绍的过错，使自己的队伍更加团结。纵观古今，但凡在事业上有所建树的人，无不胸怀坦荡、度量恢宏。

宽容，是一笔宝贵的精神财富。它能帮助人们走向事业成功之彼岸，能让人找寻到人间美好所在，能叫人在任何时候都回味无穷。天空需要蔚蓝的底色、洁白的云朵衬托才显得广袤；人间需要真诚的语言、坦荡的宽容装饰才会更加美妙！学会宽容，是巧妙运用精神财富的明智之举。一句叮咛，一个微笑，在大千世界里也许不算什么，但在冰天雪地的冬天，却能给人带来无限的温暖与希望。

有人说宽容是软弱的象征，其实不然，有软弱之嫌的宽容根本称不上是真正的宽容，宽容是人生难得的佳境，是一种需要操练、需要修行才能达到的境界。宽以待人，首先要对自己宽容。只有对自己宽容的人，才有可能对别人也宽容。人的烦扰一半源于自己，即所谓画地为牢，作茧自缚。只有承认自己的不足，才能扬长避短。宽容的过程也是"互补"的过程。别人过失，倘若能予以正视，并以适当的方法给予批评和帮助，便可避免大错。自己有了过失，亦不必灰心丧气、一蹶不振，同样应该吸取教训，引以为戒，取人之长，补己之短，重新扬起生活的风帆。

当然，宽容绝不是无原则的宽大，而是建立在自信、助人和有益于社会基础上的适度宽大。对于可以通过教育改正过错的，宜采取宽恕和约束相结合的方法；而对那些蛮横无理和屡教不改的人，则不应手软。从这个意义上说，"大事讲原则，小事讲风格"是立取的态度。

北宋名臣、大文学家范仲淹的二儿子忠宣公范纯仁曾经告诫他的弟子："人虽至愚，责人则明；虽有聪明，恕己则昏。苟能以责人之心责己，恕己之心恕人，不患不到圣贤地位。"这是说，即使是再愚蠢的人，对别人提出批评和要求的时候，也往往是看得很清楚的；即使是再聪明的人，宽恕自己的过错时也显得很糊涂。如果能以要求别人的心来要求自己，以宽恕自己的心来宽恕别人，就不用担心达不到圣贤的境界。有一位弟子向范纯仁请教为人处世的道理，他回答："唯俭可以助廉，唯恕可以成德。"只有节俭才可以培养廉耻，也只有宽恕才可以做到仁德。范纯仁做到了一生修身养性，他对饮食从不挑剔，从官府回来以后，立即换上粗布衣服，并且习以为常，从小官到大官，始终如此。

换个角度想，宽容别人，其实就是宽容自己。多一点对别人的宽容，我们生命中就多了一点自在与洒脱。宽容就是不计较，事情过了就算了。宽容是可贵的情感，宽容是良好的心态，宽容是崇高的境界。能够宽容别人的人，其心胸像天空一样宽阔、高远，像大海一样广阔、深沉。以德报怨是宽容的最高境界，是人性中美丽的花朵。宽容是人类至高无上的美德。因为宽容需要一颗博大的心，因为宽容是人类最重要的情感之一，因为宽容能融化心头的冰霜。

宽容的伟大之处在于是发自内心的、真诚的、自然的。一个人的自爱达到了诚实、开朗、乐于进取的程度，那宽容就是善意的理解和理解之后的爱和关怀。宽容是一种充满智慧的处世之道，吃亏是福，对他人的误解、谩骂、忘恩负义都不必过于计较。这种吃亏，其实就是一种宽容的智慧，以博大的胸怀和真诚的态度宽容别人，等于送给自己一份神奇的礼物。它是处世的经验、待人的艺术、为人的胸怀。它能包容人世间的喜怒哀乐，使人生跃上新的台阶。

宽容既是一种修养，也是一门学问，更是一种美德。因为宽容，单调的生活才显得绚丽多彩；因为宽容，繁杂的生活才变得简单。宽容他人也就是释放自己。拥有了宽容的美德，就拥有了爱心和人生的碧海蓝天。

一则则历史故事，都以"包容他人，宽容待人"而成了一段段佳话。一个人如果能做到事事宽容，那么他一定是一个很有修养的人。宽容既是道德上最基本的要求，也是最高尚的境界。遇事抱有一颗宽容的心，既可以减少许多纠纷，也可以留住许多感情。宽以待人，对一个人一生的影响也是极大的。大多数成功人士，都有着开阔的胸襟。所以，我们要发扬中华民族的传统美德——宽以待人，设法让自己拥有大海一般的胸襟，容纳千百河川。

第九章　明礼诚信，一诺千金

中华传统美德的范畴是十分宽广的，中国素称"礼仪之邦"。"礼"作为一种具体的行为来讲，是指人们在待人接物时的文明举止，也就是现在所说的礼貌、礼节、礼仪。礼的本质是表示对别人的尊重和友善，其核心内涵是敬意，这种内涵是超越时代的，是永存的。一个人如果只懂得礼的形式，却没有恭敬之心，那么他算不上真正有礼的人。礼包含我们的祖先对自然文化的骄傲和自豪，是中国人的根本特征之一。

东汉末年著名文学家孔融，幼时不但非常聪明，而且是一位重兄弟之礼的典型代表。相传，孔融四岁的时候，常常和哥哥一起吃梨。有一次，父亲看见问道："你为什么总是拿最小的而不拿大的？"孔融说："我是弟弟，年龄最小，应该吃最小的，大约还是让给哥哥吃吧。"孔融小小年纪就懂得兄弟相互礼让的道理，让家人感到非常欣慰。从此，"孔融让梨"的故事流传千载。

中国人素以彬彬有礼著称，中华民族的礼仪文化是几千年灿烂辉煌传统文化的重要组成部分。在其五千多年的历史演变过程中，"礼"强烈地影响和制约着中国人的思想言论和行为。重礼仪、守礼法、行礼教、讲礼信、遵礼义已内化为一种民众的自觉意识而贯穿其心理与行为活动之中，成为中华民族的文化特征及基本表征。孔子的"非礼勿视、非礼勿听、非礼勿言、非礼勿动"和著名思想家颜元的"国尚礼则国昌，家尚礼则家大，身有礼则身修，心有礼则心泰"等都充分反映了"礼"与中国历史、中国文化相伴而生、相伴而长。

战国时期思想家、政治家和教育家孟子，是继孔子之后儒家学派的主要代表人物，被后世尊奉为"亚圣"。孟子一生的成就与他母亲从小对他的教育是分不开的。孟母是一位集慈爱、严格、智慧于一身的伟大母亲，为后人留下了"孟母三迁""孟母断织"等富有深刻教育意义的故事。孟子成年娶妻后，孟母仍不断利用家庭生活的琐事等去启发、教育他，帮助他从各方面进一步完善人格。有一次，孟子的妻子在房间里休息，因为是独自一个人，便无所顾忌地将两腿叉开坐着。这时，孟子推门进来，看见妻子这样坐着，非常生气。原来，古人称这种双腿向前叉开的坐姿为箕踞，箕踞向人是非常不礼貌的。孟子一声不吭走出去，看到孟母，便说："我要把妻子休回娘家去。"孟母问他："这是为什么？"孟子说："她既不懂礼貌，又没有仪态。"孟母又问："因为什么而认为她没礼貌呢？""她双腿叉开坐着，箕踞向人，"孟子回道："所以要休她。""那你又是如何知道的呢？"孟母问。孟子便把刚才的一幕说给孟母听，孟母听完后说："那么没礼貌的人应该是你，而不是你妻子。进屋前，要先问一下里面是谁；上厅堂时，要高声说话；为避免看见别人的隐私，进房后，眼睛应向下看。你想想，卧室是休息的地方，你不出声就闯了进去，已经先失了礼，怎么能责备别人没礼貌呢？没礼貌的人是你自己呀！"一席话说得孟子心服口服，便再也没提休妻子回娘家的事。

　　源远流长的中国古代礼仪是中国传统文化的重要组成部分，其内容十分丰富，所涉及的范围十分广泛，几乎渗透古代社会的各个方面。尽管它在历史的演进过程中发生过一些变化或改进，但它始终对中华传统文化、民族生活和个人日常生活有着深刻影响。礼仪代表着一个人、一个国家的内在。对一个人来说，礼仪是一个人思想道德水平、文化修养、交际能力的外在表现；对国家来说，礼仪是一个国家社会文明秩序、道德风尚的展现。所以，礼仪在人际中是决不能少的。俗话说："无规矩不成方圆。"这也是人们讲究礼仪的原因之一。

　　中国传统礼仪文化博大精深、源远流长。它既有精华，也有糟粕。对此，我们应该以客观的态度、理性的思考去解读中国传统礼仪文化，学会分辨传统礼仪文化，取其精华，去其糟粕，思考怎么将精华部分化为优势。不拘泥于烦琐的礼仪形式，而是将传统礼仪与现代社会的要求结合起来，做到与时俱进。

　　子曰："不学礼，无以立。"这是说礼仪是一个人为人处世的根本准则。如今，随着社会主义现代化进程的加快，提高全民族礼仪文化修养愈发成为精神文明建设的重要组成部分，具有较强的现实意义。中国素有礼仪之邦的美誉，儒家将能够遵循礼仪、拥有道德修养的人称为"君子"。"君子礼仪三百，威仪三千"，这样的人既是优良社会风气的引领者，也是中华文明礼仪的化身。那么，如何成为生活中人人敬爱的"君子"呢？这就需要从小养成良好的行为习惯。

　　汉明帝刘庄做太子时，博士桓荣是他的老师，"及即帝位，犹尊桓荣以师礼"。他曾亲自到太常府，让桓荣坐东面，像当年讲学一样，聆听老师的指教。他还将朝中百官和桓荣教过的学生共数百人召到太常府，向桓荣行弟子礼。桓荣生病，汉明帝派人专程慰问，甚至亲自登门看望，每次探望老师，汉明帝都是一进街口便下车步行前往，以表尊敬。进门后，往往拉着老师枯瘦的手，默默垂泪，良久乃去。当朝皇帝对桓荣如此，所以"诸侯、将军、大夫问疾者，不敢复乘车到门，皆拜床下"。桓荣去世时，汉明帝还换了衣服，亲自临丧送葬，并妥善安排其子女。

在传统礼仪中，言行尤为重要。《周易》中有句话："言行，君子之枢机。枢机之发，荣辱之主也。"意思是语言与行动是君子处世的关键，关键的表现是决定荣耀还是耻辱的根本。祸从口出这个词也说明了言语的重要性。我们在日常生活中，经常听到一些粗话、脏话，有些学生可能会一时好奇，学了起来，渐渐染上了说脏话的坏习惯。这种习惯一定要改正，因为恶语伤人是很可怕的，一时的出言不慎可能会激起别人的仇恨心理，说者无意，听者有心，从而招致很多不必要的麻烦。还有一种祸从口出是挑拨离间，揭露别人的隐私。这样的人很容易失去朋友，因为一旦了解了这个人喜欢说别人坏话，就一定会提防，不愿意再对他敞开心扉，那么这个人就很容易被群体孤立。当然，这种恶果也是自己种下的，怨不得人。所以我们说话时，尽量说一些有意义的、积极向上的内容，如果言谈终日，言不及义，与他人聊一些闲言碎语，不但浪费时间，还耽误学习。

公元前592年，齐国国君齐顷公在朝堂接见晋国、鲁国、卫国和曹国的使臣，各国使臣带来了墨玉、币帛等贵重礼品献给齐顷公。献礼的时候，齐顷公向下一看，只见晋国使臣郤克是个独眼，鲁国使臣季孙行是个秃头，卫国使臣孙良夫是个跛脚，而曹国使臣公子首是个驼背，不禁暗自发笑：怎么四国使臣都是有毛病的。当晚，齐顷公见到母亲萧夫人，便把白天看到的四个人当笑话说给萧夫人听。萧夫人一听便乐了，执意要亲眼见识一下。正好第二天是齐顷公设宴招待各国使臣的日子，于是便答应，让萧夫人届时躲在帷帐的后面观看。第二天，当四国使臣的车子一起到达，众人依次入厅时，萧夫人掀开帷帐向外望，一看到四位使臣便忍不住大笑起来，她的随从也个个笑得前仰后合。笑声惊动了众使臣，当他们弄明白原来是齐顷公为了让母亲开心，特意做了这样的安排时，个个怒不可遏，不辞而别。四国使臣约定各自回国请兵伐齐，雪洗在齐国所受的耻辱。因为齐国的失礼，四年后，四国联合起来讨伐齐国，齐国不敌，大败，齐顷公只得讲和，此战便是春秋时著名的"鞌之战"。

与上述故事的无礼不同，"程门立雪"这则故事，说的是宋代学者杨时和游酢向程颢、程颐拜师求教时，十分尊师重道。二程是洛阳伊川人，同是宋代著名儒学家。二程学说，后来为朱熹所继承和发展，世称"程朱学派"。杨时和游酢向二程求学，非常恭敬。杨、游二人，原先拜程颢为师，程颢去世时，他们都已四十岁，而且已考上了进士，然而他们还要去找程颐继续求学。故事就发生在他们初次到嵩阳书院，登门拜见程颐的那天。相传，一日杨时和游酢来到嵩阳书院拜见程颐，正遇上这位老先生闭目而坐。杨、游二人怕打扰先生休息，恭恭敬敬，肃然待立，一声不吭等候先生睁开眼来。程颐发觉，门外积雪已有一尺多深。杨、游二人身上落满了雪。程颐忙把杨、游二人请进屋，为他们讲学。后来，"程门立雪"成为广为流传的尊师典范。

相传，唐朝时有一天赵州城的赵王特地拜访从谂禅师，从谂禅师正在床上休息，他躺着对赵王说道："赵王，我现在已老迈，虽然你专程来看我，但我实在无力下床接待你，请别见怪。"赵王非但不见怪，反而对从谂禅师十分尊重。第二天赵王派遣一位大臣送礼给他，从谂禅师一听马上下床到客堂相迎。后来，赵王府上的一个仆人知道了这件事，为了讨好赵王，他怒气冲冲地来找从谂禅师问罪。从谂禅师听说了，就远远地走出前门，迎接这个赵王府上的下人。这个下人一见从谂禅师就气冲冲地问道："前天赵王来时，你为什么不下床相迎？而赵王派一位大臣来送礼，你反而到客堂迎接呢？"从谂禅师笑了笑，解释道："你有所不知，我的待客之道有上中下三个级别。""哪三个级别？""上等人来时，我在床上用本来面目接待他；中等人来时，我下床到客堂里用礼貌接待他；下等人来时，我用世俗的应酬到前门去迎接他。"这则故事展现了从谂禅师的待客之道，以及对"礼"的独特理解。

如今的社会，是一个市场经济迅速发展的社会，在这样的社会中，最重要的就是诚信二字。诚信是一切礼仪之本，一个人只有在为人处世中充满诚信，才能表里如一，没有诚信的礼仪是无源之水、无本之木。精诚所至，金石为开，就比喻至诚的力量连金石都可以感化，更何况是人呢？如何培养诚信？这就需要自我反省，人可耻的是明知犯了错误、说了谎话，还不知道改正，一而再，再而三地圆谎，自欺欺人，惶惶不得终日，最终害人害己。科学研究结果表明，经常说谎的人往往心理压力过大，容易导致神经衰弱等精神疾病，因此，我们应当常常反省，凡事做到问心无愧，这就是修身之道。

人生活在社会中总要与他人和社会产生联系，融洽和谐的关系必须遵从一定的交往规则，有章必循。而在现实生活中，信用缺失现象屡见不鲜。信用缺失，就是个人失去立身之本，社会失去运行之规。不讲信用、欺骗欺诈、见利忘义等道德失范的行为和现象，已成为一大公害，影响社会主义和谐与社会建设。诚信作为一种道德要求，意思是为人真诚，言而有信。它是中华民族传统美德，是现代道德观念的深层内涵，是道德教育和素质教育的重要内容；同时，它也是一个人成长、成才、实现人生价值的道德基础。因此，作为新时代的青少年，应当从自身做起。待人以诚信，如同一轮明月的清辉普照大地。是诚信，让黑暗变得光明，让世界变得美丽；是诚信，让世界充满生机，让生命充满活力。

"曾子杀猪"的故事讲的就是诚信做人。曾子是孔子的学生。有一天，他的妻子要到市场去卖布，她的儿子一边跟着她一边哭泣，她对儿子说："你回去，我回来后让你吃猪肉。"儿子一听有肉吃，就不闹着去了。妻子回来后，发现曾子正要杀猪，妻子很舍不得，便哭着求他不要杀猪。而曾子却坚定地说："做人不可以言而无信，既然答应儿子要杀猪吃肉，就不应该后悔，我不希望儿子长大后言而无信，所以我今天要为儿子做个榜样。"于是，曾子把猪杀了。曾子诚实守信，教育儿子时因妻子哄小孩子的一句话"我回来后让你吃猪肉"便把猪给杀了来实现承诺。后来他的儿子也成为一个很讲信用的人，让人十分信任与尊敬。而"狼来了"的故事则相反，故事中那个爱撒谎的放羊小孩多次骗人，最后他的羊全被吃掉了。从古至今，只有真诚才能取得别人的信任。

"千里送鹅毛"的故事发生在唐朝李世民时期。唐朝国力强盛，威震四方，当时西域的回纥是唐朝的一个藩属国，为表示对唐朝的拥戴，派特使缅伯高向唐太宗献天鹅。路过沔阳河时，好心的缅伯高把天鹅从笼子里放出来，想给它洗个澡。不料，天鹅展翅飞向天空。缅伯高忙伸手去捉，只扯得几根鹅毛。缅伯高急得捶胸顿足，号啕大哭。随从们劝他说："天鹅已经飞走了，哭也没有用，还是想想补救的方法吧。"缅伯高一想，也只能如此了。到了长安，缅伯高拜见唐太宗，并献上礼物。唐太宗见是一个精致的绸缎小包，便令人打开，一看是几根天鹅毛和一首小诗。诗曰："天鹅贡唐朝，山高路途遥。沔阳河失宝，倒地哭号号。上复圣天子，可饶缅伯高？礼轻情意重，千里送鹅毛。"唐太宗听了缅伯高的诉说，非但没有怪罪他，反而连声说："难能可贵！难能可贵！千里送鹅毛，礼轻情意重！"这则故事体现了送礼之人诚信的可贵美德。今天，人们用"千里送鹅毛"比喻送出的礼物单薄，情意却异常深厚。

在当代中国，诚实守信的美德也得到了发扬光大。这种美德表现在工作和学习上，就是专心致志，认真踏实，实事求是；表现在与人交往中，就是真诚待人，互相信赖；表现在对待国家和集体的态度上，就是奉公守法，竭尽忠诚。诚实，就是说我们做每一件事情，对待每一个人都要诚实，不能撒谎，要实事求是，比如学习中没听懂的问题要向老师或父母提出来，不能装懂，要弄明白。守信，就是我们说话与做事要守信用，不能欺骗别人，要言行一致，比如答应朋友要一起去做某一件事情，那么就应该遵守约定去做。

孔子说过："言必信，行必果。"一个人只有说到做到，才会赢得别人的信任，我们应该做一个言而有信的人。秦代末年有一个叫季布的人，一向重诺言，讲信用。人们都说："得黄金百斤，不如得季布一诺。"诚实，就是忠诚正直，言行一致，表里如一。守信，就是遵守诺言、不虚伪欺诈。"民无信不立""一言既出，驷马难追"这些流传了千百年的古话，都深刻地表达了中华民族诚实守信的品质。孔子早在两千五百多年前就教育他的弟子要诚实。在学习中，"知之为知之，不知为不知，是知也"。他认为，这才是对待学习的正确态度。在中国几千年的文明史中，人们不但为诚实守信的美德大唱颂歌，而且身体力行。

中国的诚信观源远流长，历代君王贤达都崇尚"言必行，行必果"的道德理念，这也是中华文化曾经辉煌的道德渊源。人类社会发展至今，其文明程度已经到了一个很高的阶段。然而，令人不解的是，现在在许多领域出现了空前的诚信危机，如商业欺骗、假冒伪劣、侵犯知识产权等。而我们身边的学生有抄作业的，有说谎的，有随手乱丢垃圾的，这些不正是不诚实的人、不自律的人的所作所为吗？一个人要想在社会立足，干出一番事业，就必须具有诚实守信的品德，一个弄虚作假、欺上瞒下、糊弄国家与社会、骗取荣誉与报酬的人，是要遭人唾骂的。他们不知，诚信是立身之本，是高境界的道德价值取向。做人必须有德，而诚信正是一种美德。时代的发展呼唤诚实守信的美德，需要我们弘扬诚实守信的价值观。我们的党和政府做到了诚信，就一定能取信于民，深得人民的拥护。我们的企业做到了诚信，就一定能在国际竞争中立于不败之地。

"人，以诚为本，以信为天。"没有诚信的人生活在世上，如同一颗飘浮在空中的尘埃。只有以诚来为人处世，才能在社会上立足，才能在事业上有所发展，才有光明的前途。"出淤泥而不染，濯清涟而不妖"的周敦颐，告诉我们要洁身自好；"路漫漫其修远兮，吾将上下而求索"的屈原，启迪我们要勇于追求；"言必信，行必果"的孔子教育我们要诚实守信。

　　"人而无信，不知其可也。"人没有信用就无法立足于世。诚信，自古以来就是中华民族的传统美德，小到个人，大到整个社会，没有了诚信的支撑，人与人之间的关系就会破碎崩塌。战国时期，为了在战争频繁、人心惶惶之际树立威信、推进改革，商鞅下令在都城南门外立一根三丈高的木头，并当众许诺，谁能把木头搬到北门就赏他十金，结果百姓不相信会有这样的好事，没人愿意出手一试。当商鞅将赏金提高到五十金时，有人站了出来移走了木头，商鞅立即赏他五十金。这一举动让商鞅在百姓心中树立了威信，也让商鞅的新法得以推广。这就是著名的立木取信。莎士比亚说过："失去了诚信就等同于敌人毁灭了自己。"诚信是平凡的，它没有闪闪发光的金色外套，也没有娇艳的容貌，它就是日常生活中的点点滴滴。当我们不小心打碎了玻璃，弄掉了别人心爱的橡皮擦而又不承认时；当我们抄袭同学的作业、考试作弊时；当我们向别人许下承诺却又食言时，我们已经丢失了诚信。但如果我们选择诚信待人，改正以上类似的错误，那么不仅能换来同学的信任、老师的肯定、父母的赞美，更能换来自身诚信品格的养成。诚信是一种习惯，是一种责任，是一种美德，是一份希望。我们要学会时刻诚实守信，无论是对社会、对他人还是对自己，握紧手中的那份"信"，一定会在青春的路上走得更好。诚实守信，涵养德行，让我们把诚信之光洒满校园！

　　孟子说："车无辕而不行，人无信则不立。"诚信对于人而言，就像是车的轮子一样，没有诚信的人是无法在人生的道路上走下去的。一个人只有讲诚信，别人才会称赞他、尊重他、亲近他、信任他，在他有困难时，才会帮助他。诚信，是人类社会普遍的道德要求，是中华民族的传统美德，是培育和践行社会主义核心价值观的重要内容。做一名讲诚信的学生，也是学校对每名学生的要求。

第十章　团结合作，勇担责任

合作是什么？合作就是几个人一起努力去完成一件事。在这个过程中，如果每个人都贡献出一份力量，那么就能达到事半功倍的效果。唐僧师徒四人西天取经的故事脍炙人口，每个人都对这个组合大加赞扬。他们为什么能成功呢？唐僧是这个组合当中的领袖，他一心向佛，不为世俗而驻足；孙悟空嫉恶如仇，在人世间伸张正义；猪八戒糊涂可爱，对师父、师兄忠心耿耿；沙僧吃苦耐劳，从不抱怨。他们团结协作，降妖除魔，历经九九八十一难后，终于如愿取得真经。

当年曹操在一统北方之后，还剩下在长江附近的孙权和在湖北的刘备两个对手。这两个人物可谓足智多谋，能力非凡。公元 208 年，曹操带着二十万大军向南进军，刘备回到湖北武昌，但军队人数相差两万多人。在诸葛亮的计谋下，他打算与孙权一同联手抵抗曹操。很明显双方人数悬殊，但是曹操麾下有七八万刚刚投降的荆州士兵，他们作为作战的主力，其真心待查。而北方士兵最大的弱项恰恰是水战，那么刘备和孙权就得从这个弱点下手。当晚，曹操下令将战船用铁链锁在一起，方便士兵作战。而诸葛亮和周瑜计划用火攻，那天晚上真的是天时地利人和，刮起了东南风，周瑜安排旗下将领黄盖假装投降曹操，驾十艘满载着油的柴草船向曹操驶去。当接近时，一起点火，熊熊火焰燃烧，打了曹操一个措手不及。又因为船锁在一起，情急之下又不能散开，只能任由烈火燃烧，烧尽士气。这场双方实力悬殊却以弱胜强的战役，就是《三国演义》当中和历史上著名的赤壁之战。

"众人拾柴火焰高"，集体合作的力量超乎我们的想象，学会合作，我们已经开始迈向了成功之路。我们应该明白"一花独放不是春，百花齐放春满园"的道理。"合作"是一个响亮的名词，它有巨大的威力和潜能：合作的力量可以排山倒海，可以叱咤风云，可以变地球为村落，可以登月球如旅行。没有"合作"就没有金字塔和万里长城，也没有联合国和亚太经合组织，甚至没有足球运动、音乐和互联网……

　　任何人在这个世界上都不是孤立存在的，都会和周围的人产生各种各样的关系。学生，要和同学一起学习，一起游戏，共同完成学业；工人，要和同事一起工作，共同完成工厂的生产任务；军人，要和战友一起生活，一起训练，共同保卫我们的祖国。总之，不论何时何地，我们都离不开与别人的合作。世界上有许多事情，只有通过人与人之间的相互合作才能完成。一个人学会与别人合作，也就获得了打开成功之门的钥匙。

　　怎样才能达成卓有成效的合作呢？大家一定在音乐厅或电视里听到过交响乐团的演奏吧，这可以算得上人与人之间合作的典范。指挥家轻轻一扬手里的指挥棒，悠扬的乐曲便从乐师的嘴边、指尖倾泻而出，流向舞台，也流进人们的心田。是什么力量使上百位乐师、数十种不同的乐器合作得这样完美和谐？这主要是依靠高度统一的团体目标和为了实现这个目标每个人必须具有的协作精神。可见，成功的合作不仅要有统一的目标，还要每个人尽力做好分内的事情；同时，要心中想着别人、想着集体，有自我牺牲的精神，自己或许吃点儿亏，但俗话说吃亏是福，只要合作过程中每个人都愿意吃亏，那么每个人就都是受益者，都会有意想不到的收获。如果每个人都自私自利，那么当然合作不成。现代社会是一个充满竞争的社会，但也是一个需要合作的社会。作为一名现代人，只有学会与别人合作，才能取得更大的成功。

　　战国时期，赵国有一文一武两个得力的大臣。武将叫廉颇，他英勇善战，多次领兵战胜齐、魏等国，以骁勇善战闻名于诸侯。文臣叫蔺相如，他有勇有谋，面对强悍的秦王临危不乱。他两次出使秦国，第一次使国宝和氏璧得以完璧归赵，第二次是陪同赵王去赴秦王的"渑池之会"，两次都给赵国争回了不少面子，秦王也因此而不敢再小看赵国。于是，赵王先封他为大夫，后封他为上卿，地位在大将廉颇之上。廉颇对蔺相如很不服气。他想：蔺相如有什么能耐，无非是会耍几下嘴皮子，我廉颇才是真正的功臣呢！他对手下的人说："我要是见到了蔺相如，一定要让他尝尝我的厉害，看他能把我怎么样！"这话传到了蔺相如的耳朵里，他干脆装病不去上朝，避免与廉颇发生冲突。他还吩咐手下的人，叫他们以后碰到廉颇的手下，千万要让着点儿，不要和他们争吵。一次蔺相如出门办事，正碰见廉颇远远地从对面过来，蔺相如就叫马车夫把车子赶到小巷子里，让廉颇的车马先过去。蔺相如的门客见他如此谦让廉颇，心里很不舒服，觉得蔺相如胆小，害怕廉颇。蔺相如笑了笑，说："廉颇和秦王哪个厉害呢？"门客说："当然是秦王厉害了。"蔺相如接着说："我连秦王都不怕，还会怕廉颇吗？要知道，秦国现在不敢来打赵国，就是因为国内文官武将一条心。我们两人好比是两只老虎，两只老虎要是打起架来，难免有一只要受伤，这就给秦国制造了进攻赵国的好机会。你们想想，国家的事要紧，还是私人的面子要紧？所以，我宁可忍让一点儿。"这话传到了廉颇耳朵里，他感到非常惭愧。一日，他裸着上身，背着荆条，跑到蔺相如的家里去请罪。蔺相如连忙把廉颇扶起。从此，两人成了最要好的知心朋友，一文一武，共同保卫赵国。

这则故事中武将廉颇处处刁难上卿蔺相如，而蔺相如为了自己的国家，顾全大局，不与廉颇计较，所以避免了一场祸患的发生。大家可以想一想，如果蔺相如斤斤计较，赵国就会大乱，其他国家乘虚而入，后果将不堪设想，这就是合作精神的重要性。

人们常说："小合作就有小成就，大合作就有大成就，不合作就很难有成就。"这句话从古至今都是一个非常宝贵的人生道理，我们应该牢牢地记住。当年，刘备、关羽和张飞三兄弟合作，在军师诸葛亮的帮助下，与曹操、孙权三分天下，成为三国时期的霸主。虽然最终未能光复汉朝，可他们的桃园结义却成为一段千古佳话。而在战国时，六国联合攻打秦国，因人心不齐，被秦国各个击破。如果那时六国团结一致，以六国的兵力与物力，或许历史就会被改写。

生活中许多事情上都体现着：只有学会与人合作，才能取得更大的成功。所以，在平时上课时，我们经常采用小组合作的方式进行学习。这样，既培养了学习兴趣，又增强了同学之间的友谊，共同学习，共同提高。

随着社会的发展，人与人之间的合作内容更加丰富，形式更加多样，范围更加广泛，特别是在科技飞速发展的今天，知识信息量大大增加，社会分工更加细化，任务的完成是一致努力的结果。可以说，21世纪的赢家将属于全面发展、开拓进取、善于合作的人。合作和竞争是孪生兄弟。没有竞争的合作缺乏前进的动力。只有通过竞争和合作，我们的事业才能成功，我们的经济才能繁荣，我们的社会才能进步。共同进步，即双赢，是竞争最理想的结果。良好的合作在竞争中创造双赢的局面。在竞争过程中，双方互相鼓励，互相帮助，取长补短，每个人都有收获、有发现、有进步。在利益面前，我们互相争斗以取得最后的胜利，但是如果我们能够停止争斗，学会合作，就能实现共赢，更快地到达成功的彼岸。比赛过独木桥时，双方相遇会下意识使对方落下桥，然而此时，互相抱住，身本换位，便可全部顺利过桥且风险更小。由此可以看出合作的重要性。只有学会合作，才能够使双方的利益最大化，才能以最快的方式战胜前进道路上的困难，取得成功。一个人只有学会合作，才能更好地立足于这个社会。

"能用众力，则无敌于天下矣；能用众智，则无畏于圣人矣。"从古至今，合作者双赢。周瑜和诸葛亮之间有了合作，才能在赤壁大败曹军；廉颇负荆请罪和蔺相如合作，才使赵国有了生存之机。以上几位都是有才之人，所以说，不管一个人多么有才能，集体有时往往比个人更具智慧、更有实力。如果说成功的目的地是河流对岸，那么合作就是舟，助你遨游；如果说成功是浩瀚宇宙，那么合作就是宇宙飞船，助你飞天。单丝不成线，独木不成林。双桨单舟总争渡，千帆竞发渡江海。想要成功，先学会合作！

一朵花，即使再小也需要雨水的滋润、沃土的滋养、阳光的馈赠及绿叶的衬托，这样才能变得美丽娇艳；人生中，一个人若想有所发展，离不开众人的帮助与支持，离不开相互沟通、合作。秦灭六国就是利用六国不团结、不合作的这个弱点逐一攻破的。故苏洵在《六国论》中总结道："六国破灭，非兵不利，战不善，弊在赂秦。"若六国能团结起来抗秦，六国之亡或许能避免。秦始皇对六国采用远交近攻之策，而六国君主只顾自己的利益，却没想到正中秦人下怀。六国灭亡的事实深刻地揭示了"合作才能取得更大的成功"这一道理。

团队合作与个性张扬并不矛盾。团队合作并不意味着人云亦云；张扬个性也并不代表没有合作。真正发挥团队合作与个性张扬的各自优势，并真正调和它们之间关系的应当是一套完整的体制。在这种体制下，我们既可以充分地发挥自己的能力，又可以与他人组成一个牢不可破的团队。制定一套健全的体制才是真正的智慧选择，也是个人、国家、民族通往成功彼岸的必由之路。

不过我们也听说过一些名存实亡的合作。齐宣王的乐队气势宏大，场面壮观，不也一样留下了滥竽充数的千古笑柄？为了各自利益纠缠在一起的合作当变故威胁到他们的利益时，不一样作鸟兽散？这样的合作无疑是可悲的。而可悲的核心正是无人在变故发生时勇担责任。合作源乎平淡的生活，健康的合作关系会在生命中开出绚烂的花朵，我们应当欣赏并创造更多合作关系，在合作中尊重规则、承担责任。

自古以来，人们都说"合作才能双赢"。一根筷子易折断，一把筷子折不断，这就是合作的力量。人生就如一块拼图，我们都渴望看到更全面的世界，大家若能紧密合作，就能共同创造出一幅更美好的画面。学习中的合作使我们均衡发展，有利于提高表达能力、学习效率、同学情谊。总之，合作能实现目标，合作能创造艺术，合作能开辟一个更加美好的世界。

"天时不如地利，地利不如人和。"想要成功，就必须合作。合作是"人心齐，泰山移"，合作是"众人拾柴火焰高"，合作是"二人同心，其利断金"。南朝一个少数民族的部落首领"阿豺"向我们诠释了合作的力量：阿豺有二十个儿子，但他们不愿合作。于是，有一天，阿豺把他的儿子召集在一起，并每人发一根树枝，让他们折断，他们很快就折断了。接着，阿豺拿出一捆树枝，他们便折不断了，于是他们便懂得了合作的力量。十几年过去后，他的孩子们将部落管理得非常好。可见，合作使人有超越个人的巨大力量，它是成功的前提。

人与人的交往，文明之间的碰撞，国家民族间的冲突与合作，这都是从古至今一直未曾间断过的事件。其中难免夹杂着矛盾和冲突，可世界却在这样的过程中进步发展。这样的过程叫作融合。这也就是哲学中辩证唯物主义的观点：前途是光明的，道路是曲折的，事物发展的总体趋势是前进的。在世界的发展、文明的进步中，融合的力量不容小觑。

我国第一部诗歌总集《诗经》中就有关于民族冲突的记载。如《采薇》中唱道："曰归曰归，岁亦莫止。"这是一首描写驻边士兵思乡和爱国情怀相交杂的小诗，可见那时人们对外族是仇恨的。之后秦统一六国，秦始皇更是派人修筑长城，巩固边防。到了汉武帝时期，国力繁盛，民族交往又有了不同的进程，民族间的交流与合作日益增多。更不用说张骞出使西域，开辟丝绸之路，中西方物质文明的交换由此开始。这条闻名中外的商贸之路在唐时达到鼎盛，粟特人、大食人、汉人等活跃其间，唐朝长安成了世界闻名的大都会，胡人、洋人穿梭于东西两市，说着流利的汉语，汉家女子着胡服于马上骑射，美丽热情的胡女在酒垆跳起胡旋舞，她们鲜艳华丽的裙摆为这繁华的盛世泼上了一层绚烂的色彩。

直到今日，汉族与少数民族能和谐相处，互相帮助，共同进步，不得不说是民族融合达到了新的高度。有过冲突，有过矛盾；也有过合作，有过互相学习和帮助。在彼此的摩擦间撞出火花，温暖彼此。融合，是取其精华、去其糟粕；融合，是擦干眼泪，绽开笑颜；融合，是冰雪消融，春暖花开。民族在交流中融合，世界在融合中发展，文明在融合中迸发出绚烂的光彩。

茫茫人海，缘分让我们相聚，让我们组成了一个班集体。在这里，我们有过欢声笑语，有过争吵纠纷。在这里，我们应该学会合作，给自己点一盏明灯，度过这美好的青春时光。在课堂上，我们积极合作、一起思考，合作让我们提高效率，让我们共同进步。"三人行，必有我师焉。""三人行"就是要我们学会讨论与合作，学习小组中必定有我的老师。有了合作精神，我们就可以取长补短、精益求精。人多力量大，只有合作，才能使我们的生活更加美好，才能让世界更加美丽富饶。在生活中，在学习中，在赛场上，我们都需要合作。

合作，是团结的体现，是一种力量，它所迸发的是团结的精神与互相帮助的美德。合作时彼此鼓励、彼此帮助、彼此产生默契，那是通往成功的道路、理想的桥梁、情谊的隧道。精诚合作，对于一个人、一个家庭、一个集体，乃至一个国家甚至全人类都至关重要。精诚合作，播撒下成功的种子，是人类发展的必要条件，是世界交流的大势。团结就是力量，合作就是桥梁。生活就像一首美妙的音乐，独唱和合奏各显魅力。一位心理学家说："如果你能让别人愿意和你合作，你就能赢得一切。"要演奏好生活的音乐，就必须善于与人合作。

我们的学习必须与他人合作才能更有成效。古人云："独学而无友，则孤陋而寡闻。"在学习中，我们可以互相交流，互相启发，互相帮助，弥补个人知识的不足，从而获得更多的知识，提高解决问题的能力。同时，通过合作融入集体，感受互助的良好氛围，感受群体力量，在团结合作中感受成功的喜悦，有助于我们形成开朗、活泼、勇敢等积极的性格。

"独脚难行，孤掌难鸣。"合作是一项生活与学习上必不可少的技能。正如《管子》中所说："以众人之力起事者，无不成也。"在人生的旅途中，我们会面对许多竞争。但如果能够停止争斗，学会合作，就能实现双赢，彼此也都可以更快地到达成功的彼岸。

任何人在这个世界上都不是孤立存在的，总会和周围的人产生各种各样的关系：蝴蝶就要和同伴共同纷飞，为大自然增添一份姿色；小树枝就要和朋友一起生长，为夏日送一抹清凉；雏鹰就要和伙伴一起生活，一起学飞，共同成为万鸟之王……总之，不论是什么身份，也不论在何时何地，我们都离不开与别人的合作。请记住：荷花虽好，却也要绿叶扶持；一个篱笆三个桩，一个好汉三个帮。我们只有学会合作，才能进入成功的殿堂！

第十一章　乐于分享，友爱谦恭

森村诚一说过："幸福越是与人分享，它的价值便越会增加。"所以说，"分"的人是幸福的，因为他实现了自己存在的价值；"享"的人是快乐的，因为他感受到了情谊。

分享可以升华朋友之间的感情，可以促进家庭和谐，可以提升生活质量。懂得分享的人，人生是快乐的；懂得分享的人，生活是幸福的。分享不是施舍，不是恩赐，分享是一壶烈酒两人尝，一段往事几人听。

分享在于心，在于真。父母大多会因为疼爱儿女而不接受儿女给的钱。但我们若买一壶父亲爱喝的酒，买一件母亲喜欢的衣服，然后陪父亲一起煮酒论人生，夸一句母亲穿新衣的气质，他们一定会非常开心。因为我们参与了他们的快乐。分享的本质就是参与，就是相伴。不要吝啬快乐，不要珍藏言语。只有分享了，我们的快乐才是真的快乐；只有分享了，我们的言语才有价值。分享一份喜悦，我们会收获一份幸福；分享一个微笑，我们会收获一份快乐；分享一个梦想，我们会收获整个人生。

分享，让别人快乐着我们的快乐，让我们幸福着别人的幸福。因为分享，人生不再孤单；因为分享，生活不再凄凉；因为分享，明天变得明亮。一份快乐，与他人分享后就成了两份快乐。分享是一股巨大的力量，它使快乐得以延续，人生在于分享。我们可以倾听泉水的叮咚、鸟雀的鸣叫，我们可以呼吸清新的空气、大自然的气息，我们可以感受团圆的快乐……我们可以分享的东西很多很多。

大自然将高山送给了勇于攀登的登山者，将大海送给了乘风破浪的航海者，将草原送给了自由驰骋的赛马者，将蓝天送给了遨游天际的飞翔者。世界上的万物都需要分享。

独自一人是无法进行分享的，因为分享属于大家。有了好吃的要跟好朋友分享，有了好玩的要跟同伴们分享，有了好成绩要跟父母、老师分享……大家相互学习，取长补短。当我们有了第一次的分享，就会爱上这种感觉，便会有更多次的分享。分享需要传递，分享需要勇气，分享需要感悟。

分享不仅仅是为了别人开心，也是为了自己。就像我们常说的："赠人玫瑰，手有余香。"当我们分享的时候，我们也会感到快乐。其实，分享不需要太多，哪怕只是一点点帮助，也能感受到分享的快乐。生活中，很多人过得很辛苦。让我们投去一个关心和爱的眼神，记住那不是怜悯的眼神，而是爱的分享。让我们努力把爱传递给身边的人，让爱一直传递下去。因为分享有一种神奇的魔力，可以把快乐传递给每个人。当我们与他人分享时，一定会从小小的分享中获得巨大的快乐。

分享不仅仅是自己的快乐，它也给更多的人带来温暖，不会分享的人只能在自我幸福的小圈子里度过每一天。没有分享，这个世界将会变得冷酷无情，大家都不能感受到真正的快乐。分享就像溪水一样与其他河流融为一体，各自传递着爱。"分享"并不是自己的事情，而是要大家一起来参与。它体现了作为中华民族的一员，我们有着合作的精神，有着团队奋发向上的精神，有着极强的集体荣誉感。分享能使国家各个民族之间更和谐，即使天各一方，分享的情绪也会传递到每个人心中，让这个大家庭感受分享的快乐。分享能够使人与人之间的距离变得更近，把天空变得更加湛蓝，把绚丽的彩虹装进每个人心中。世界因为有了分享，各国之间的友谊将深深扎根于每个不同国家的人民心中，相信今后的世界将会变得更加绚丽多彩。分享能够提升一个人的品德，使自己变得更加高尚，在众人面前赢得尊重，展现自己的才华，让更多的人感受到自己所带来的快乐，同时给自己带来快乐。学会分享的人，能拥有比金钱更宝贵的东西，获得精神上的愉悦。

分享既可以在大事中体现，也可以在小事中体现。只要给人带来一点安慰、一点快乐，分享就会布满世界各地，将这个世界变得更加温暖。没有光的照耀，人们只能在黑暗中摸索；没有雨露的洗礼，人们不会有收获的喜悦；没有分享的世界，我们的人生将会失去很多色彩与光泽。"书山有路勤为径，学海无涯苦作舟。"当我们在知识的海洋扬帆起航，必会遇到惊涛骇浪，此时我们会发现，分享会让我们变得轻松快乐，与同学们分享奋斗的汗水和胜利的喜悦，分享学习生活中的苦与乐。这些足以让我们感受到学习的魅力。

人的一生好比一段漫长的道路，走不同的路便会欣赏到不同的风景。所以我们想和朋友分享所观赏的风景，不论我们看到的风景是明艳美丽的还是苍白无趣的，都要分享这一切，让彼此感受到不同道路上的色彩。春天，少不了鲜花的点缀；夏天，少不了雨后的彩虹；秋天，少不了丰收的硕果；冬天，少不了晶莹的雪花。独乐乐不如众乐乐，让我们学会分享吧！它能使我们的生活更加丰富美丽，分享是把自己的快乐向亲朋好友倾诉，让他们理解自己的心情。如果在心情不好的时候倾诉，一份痛苦不就变成半份痛苦了吗？我们的痛苦就会减轻很多。

不得不承认，我们每个人都是有私欲的，因为我们都是普通人，但这并不等于我们不会分享；相反，我们应该学会分享。"神奇的爱，使数学法则失去了平衡，两个人分担一份痛苦，只有半份痛苦；而两个人分享一份幸福，却有两份幸福。"学会分享，能够使我们的很多不幸变得看起来没有那么糟糕。或许我们很多人都听说过天堂和地狱的故事，一样的情景，地狱中的人只能看着食物却吃不到，而天堂中的人因为学会了分享，通过与对方互相喂食物，既品尝到美食，又能够体会到分享的幸福。只要我们学会分享，幸福和快乐就会不请自来。我们的分享有时候不一定能够立刻得到回报，但是这并不代表一无所获，或许我们得到的是陌生人来自心里的感激和祝福，也或许是精神上的一种享受。

分享的魅力在于它无处不在、无时不在。在母亲的怀里，我们早已把她那慈祥的面容、无私的母爱印在了脑海里。和母亲分享自己的喜悦，母亲会比我们更快乐；和母亲分享我们的忧愁，母亲会给我们安慰，我们便不再继续忧愁。朋友之间的爱是纯洁的，"有福同享，有难同当"早已成为朋友之间的口头禅。其实，我们也没有经历过大风大浪，但当朋友有困难时，我们会和他一起解决；有好事时，我们会一起听、一起笑。正是如此，我们才有真正的友谊。流星划过，大家吆喝着许愿，共同分享美好时刻。分享是博爱的基础，不与他人分享的人，注定孤独。

有这样一则故事：有一个小女孩不懂得分享，她总是独自在家里玩玩具，而楼下的小朋友们互相分享玩具，玩得不亦乐乎。这个小女孩看到后非常羡慕，一直盯着窗外看，而她的妈妈看到这种情形时对她说："你想和楼下的小朋友们分享你的玩具吗？"女孩不喜欢分享，毫不犹豫地说他们会把我的玩具弄坏的。妈妈说："你应该学会分享，这样朋友们才能和你玩得更好，你一个人玩开心吗？"女孩希望能和他们玩，于是鼓起勇气，抱着玩具跑到楼下对小朋友们说："你们愿意和我玩吗？我们可以分享各自的玩具吗？"小朋友们都同意和她玩，之后她懂得了分享的乐趣。

　　分享生活，不仅是共同渡过难关，更是共同享受生活的快乐。一个温馨的共进晚餐的画面宛若诗中翻飞的章节，平和而又欢快；一件发生在校园的趣闻逸事，让全家开怀大笑，笑声温暖了冬日的校园，彼此呼吸的空气中氤氲着甜甜的气息。同在蓝天下，共拥一片天，共享的生活犹如荒漠中的绿洲，是在干涸中带来希望的绿，让我们的生活更加鲜活；分享的生活仿佛广袤旷野里的点点村庄，是荒烟蔓草中傲然绽放的花，让我们的生活更加温馨。最美夕阳红，人的一生是在相互扶持中走完最后一程的。一路走来，分享颠沛流离的辛苦，分享在黑暗中等待黎明的焦灼，分享成功时的快乐，分享团聚时的温暖，分享离别时的感动。当岁月的鱼尾纹深深地刻在脸上，当粗糙的手上写满了世事的沧桑，当坚强的支柱再也托不起明天的太阳，于是我们在静默中领略人生的真谛，生命中总有一些人陪我们一起走过，一同分享过。也正因如此，记忆的大门才值得打开。又是一个孤寂的夏夜，又有两个悠然下棋的身影，不再是消愁，而是共同分享这份孤独，分享这份难得的宁静。

　　小时候，我们有一块香甜的糖果，走到妈妈身旁，用两只稚嫩的小手，五指并拢，掐住糖的两端，稍稍用力，啪的一声，糖断成了两半。我们缓慢地舒展着动作，将其中一半送到了妈妈的嘴边。当清晨的阳光轻轻洒下，照在天真无邪的面颊上，妈妈感到了幸福。也许那块糖并不是妈妈喜欢吃的，也许它会令我们正在生长的牙齿感到疼痛，但是大家却笑了，童真的嘴角轻轻上扬一个优美的弧度，我们体会到了，妈妈也感受到了，这就是分享的甜蜜。

　　长大后，曾经只能承受书包重量的肩膀宽阔了许多，曾经只能握住笔杆的手结实了许多。我们既学会了紧握双拳的俏皮，也学会了在开心或者不开心时四拳相对。当两个人的双手两两相对时，我们分享了彼此的喜怒哀乐，积压在心底的一切困扰全部释然。在那闪动的双眸中，看到了前所未有的放松与轻快，当午后的微风轻轻拂过袅袅升起的炊烟，两张如花般的笑脸在此绽放。就这样，彼此分享，彼此感受，这就是分享的喜悦。

　　而后来，成熟替代了幼时的天真，从容替代了幼时的调皮，太多的故事伴随着我们，不一样的心跳，不一样的世界，而你我，许是知己，许是闺蜜。闲暇时，手捧一杯咖啡，香气氤氲，笼罩着你我。只用两个人之间最真诚的话语去讲述，去分享彼此的快乐与忧伤。疲倦的夕阳缓缓地将最后一缕余晖洒向大地，唯美如画。当你手中有一块甜蜜的糖，不要忘记身边的她；当你某时突然感到悲伤，不要忘记不远处的她；当你因世事太过离奇而感到孤独，不要忘记一直默默守护的她。当你停在时光的缺口静心回想，就会发现，你已经学会了分享。

学会分享，让别人看到我们的胸襟，读懂我们的心灵。分享的美丽，在于既成就他人，也成全了自己。老师不断分享知识，成就了学生，也成就了教书育人的梦想。科学家把成果分享给全世界，也因此获得了一项又一项的荣誉。诸葛亮分享了智慧，成就了刘备，也成就了千古贤相的美名。

摇曳的烛光里，有一份历久弥香的智慧，携着远古的空灵与秀美，留给今天涉世未深的你我共同分享。千年前，泱泱渭水之畔，孔子满怀着憧憬向世人呐喊。那深沉久远的余音，流传了千年，直到今天，"大同"仍是人们追求的崇高理想，孔子的处世之道依然铭记你我心间，正是因为有了千年前的君子之守，才有了今日的子孙之昌。

分享似一缕阳光，温暖人间；分享似一束鲜花，芬芳满园；分享似一壶美酒，芳香四溢。学会分享古人的智慧，分享我们的生活，让生命更加充实，让生活更加精彩！

第十二章　敬老孝亲，谁言寸草心

中国是礼仪之邦。在中华民族悠久的历史中有很多传统美德，敬老孝亲是先辈传承下来的宝贵精神财富。孟子也说过，"老吾老，以及人之老"，人们不仅要孝敬自己家的老人，还要孝敬社会上所有的老人。

春秋时期，孔子有名弟子叫子路，他性格直率勇敢，十分孝顺。相传，子路早年家中贫穷，常常采野菜做饭食，却从百里之外负米回家侍奉双亲。父母死后，他做了大官，奉命到楚国，随行的车马有百乘之众，所积的粮食有万钟之多。坐在垒叠的锦褥上，吃着丰盛的筵席，他常常怀念双亲，慨叹说："即使我想吃野菜，为父母亲去负米，哪里能够再得呢？"

汉文帝刘恒，是汉高祖第四子，为薄太后所生。他以仁孝闻名于天下，侍奉母亲从不懈怠。母亲卧病三年，他常常目不交睫，衣不解带，母亲所服的汤药，他亲口尝过后才放心让母亲服用。他在位期间，重德治，兴礼仪，注意发展农业，使西汉社会稳定，人丁兴旺，经济得到恢复和发展，他与汉景帝的统治时期被誉为"文景之治"。

《三字经》记载："香九龄，能温席。孝于亲，所当执。""黄香扇枕温席"的故事令人感动，黄香小小年纪就这般懂事、孝顺，让人不由得感慨万千。故事主要内容是：黄香早年丧母。冬天，正值寒冬腊月，九岁的黄香不想让父亲晚上挨冻，便用自己的体温为父温席；夏天，黄香为了让父亲睡个好觉，便提前在屋里用扇子驱赶蚊蝇，使屋里凉快些，自己却累得满头大汗，从不抱怨……"黄香扇枕温席"的故事时时刻刻提醒着我们，要做一个怀有孝心的人。试问，我们这些比黄香大几岁的少年是否能做到这一点呢？虽然我们现在有高科技的取暖降温设备，但我们是否拥有黄香那孝顺的品质呢？

孝是中华民族的传统美德，而孝的具体含义是什么？孝是中华文化中对于"恭敬父母、尽孝道"的一种道德观念和伦理准则。具体来说，孝包括尊敬父母长辈、照顾父母长辈、孝顺父母长辈、关心父母长辈等方面，它是中华文化的传统价值观之一，与礼、义、廉等道德观念相辅相成。

在中华传统文化中，孝被认为是人们应该尽的道德义务，是家庭、社会和国家的基石。孝敬父母是一种文化传承和历史沉淀，体现了中华民族文化的深厚底蕴和人们对家庭和亲情的珍视。孝之所以在中华文化中被高度重视，一方面是因为尊敬父母是中华民族的传统美德，体现了人格尊严和家庭和睦；另一方面是因为它维系了家庭和社会的秩序和道德规范。我们要常怀孝心，处处为长辈着想，这样，我们就是一个成功的、拥有高尚品德的人。

父母给予我们的爱，是细小琐碎却无微不至的，这使得有的人常常觉得父母就应该这样，甚至觉得他人老话多。其实，感恩是发自内心的。俗话说："滴水之恩，当涌泉相报。"更何况父母为我们付出的不仅仅是"一滴水"，而是"一片汪洋大海"。当我们遇到困难，能倾注一切来帮助我们的人，是父母；当我们受到委屈，能耐心听我们哭诉的人，是父母；当我们犯错误时，能毫不犹豫地原谅我们的人，是父母；当我们取得成功，会衷心为我们庆祝，并与我们分享喜悦的人，是父母。

古人云："百善孝为先。"孔子说："夫孝，德之本也。"孝敬父母是中华民族的传统美德，是做人的根本。《二十四孝》中"卧冰求鲤"的故事这样记载：晋朝的王祥，早年丧母，继母朱氏并不慈爱，常在其父面前说王祥的是非，王祥因而失去父亲的疼爱。一年冬天，继母朱氏生病想吃鲤鱼，但因天寒河水结冻，无法捕捉，王祥便赤身卧于冰上。忽然间冰面裂开，从裂缝处跃出两尾鲤鱼，王祥喜极，持归供奉继母。他的举动，在十里八乡传为佳话。人们都称赞王祥是人间少有的孝子。有诗颂曰：继母人间有，王祥天下无。至今河水上，留得卧冰模。想一想我们自己，平时母亲让洗一双筷子、洗一只碗，可能都不乐意做；让扫个地，可能也会不愉快。但面对继母如此难做的请求，王祥都毫无牢骚，而只期求能捉到鱼，带回去赡养母亲。这么淳厚的孝心，怎会不令人动容呢？是什么精神支持王祥这样做呢？唯有一个"孝"字，也恰是王祥的一颗孝心感动了继母。

也许有人会说，这则故事未必是真的。但回望历史，孝敬父母的故事还少吗？我们并不需要像古人那样"卧冰求鲤"。但是我们可以在父母过生日时，为他们精心准备一份礼物，让他们开心；在父母生病时，为他们端水送药，嘘寒问暖；父母下班了，帮他们接过包，为他们递上一杯清茶；学习之余，为父母分担一些家务；当自己犯了错，父母批评教育自己时耐心倾听；当父母为我们呕心沥血时，道上一句"谢谢"；当父母疲劳时，为他们送上一杯浓茶，帮他们捶捶背；当父母生病时，多陪伴他们，多与他们聊天。一句关心的话语，一张令人满意的试卷，一个会心的微笑，都会慰藉父母百般焦虑的心。当我们渐渐长大，便不再需要父母的搀扶，但我们怎可忘记，父母曾经为我们撑起一片天。我们不应该再当"小公主""小皇帝"，不应再认为父母养育我们是理所当然。孝不仅是义务，更是我们发自内心对父母的感恩和爱。

中华优秀传统文化应该被继承和发扬。敬老孝亲美德更是精髓，这是每个人应尽的义务，是良心的要求。孟宗，三国时江夏人，少年时父亡，母亲年老病重，郎中嘱用鲜竹笋做汤。适值严冬，没有鲜笋，孟宗无计可施，独自一人跑到竹林里，扶竹哭泣。少顷，他忽然听到地裂声，只见地上长出数茎嫩笋。孟宗大喜，采回做汤，母亲喝了后果然病愈。后来，他官至司空。后有诗曰："泪滴朔风寒，萧萧竹数竿。须臾冬笋出，天意报平安。"

南北朝时期《木兰辞》记载：木兰从小练习骑马，随着年龄增长，技术不断精进，正碰到皇帝招兵，她的父亲和同村的许多年轻人都在此次出征名单中。她的父亲因年老多病而不能胜任，木兰便女扮男装，买了骏马和马鞍，替父亲出征。逆黄河而上，翻越黑山，骑马转战共十余年，多次建立功勋，屡建奇功。为何一介女子可以勇立战功，不畏艰险？只因为一个孝字存心。一个人，如果为父母，为家人，为祖国，生命的动力和潜能就能够得到前所未有的激发。所以，木兰从军不只是为了杀敌，还是为了保家卫国，因为是为了大家，所以勇气变得无限大。她的动力从何而来？从孝中来。《孝经》有言："孝悌之至，通于神明，光于四海，无所不通。"

发扬中华民族的传统美德，胸怀一颗感恩的心，用一言一行温暖父母，用一举一动孝敬父母。在我们成长的日日夜夜，有多少次去感知过亲人给予我们的爱，有多少次向亲人诉说过我们对他们的爱，又有多少次用语言跟行动回报过亲人的爱呢？鲜花可以枯败，沧海能够变成桑田，但我们感恩的心不能变。

"孝"是中国文化中最悠久、最基本、最重要、影响最深远的传统伦理观念。在《孝经》中，"孝"被肯定为"德之本"和"教之所由生者"，并被儒家视为"仁之内核"。李密《陈情表》记载："臣无祖母，无以至今日；祖母无臣，无以终余年。母、孙二人，更相为命，是以区区不能废远。"晋代，李密的父亲早逝，母亲改嫁。李密是祖母刘氏含辛茹苦抚养长大的。李密因为人忠厚，性格又好，还有才干，而被晋武帝相中，想招他做太子洗马。诏书下了好几回，李密始终没去。晋武帝都快动怒了，不得已，李密只好上奏一封书信给晋武帝。这封书信中说："我假若当初没有祖母，就不能活到今天；而祖母现在没有我，也不能度过余年。我今年四十四岁了，祖母今年已九十六岁了，照这样看来，我能替皇上尽力的日子还多得很，而能报答祖母恩情的日子，却是少之又少了。"晋武帝看了这封书信，才明白过来，称赞李密的诚实，又感动于他的孝心，便赏赐给他两名奴婢，传令到县府上，命地方官定期供给李密祖孙二人赡养费。

孝与感恩是中华民族传统美德的基本元素，是中国人品德的基础。孝道文化是中国传统文化的基本文化，"民用和睦，上下无怨"，也是和谐文化、中国特色文化。作为中国特色社会主义接班人，理应继承这份道德遗产，发扬这种优良传统，丰富中国特色社会主义的伦理精神与道德规范。弘扬孝道需要借助具体的形式，有选择地恢复一些体现家庭长幼尊卑伦理关系的传统社会礼仪是必要的。表达爱心的形式是多元的，每位老人内心感到温暖的形式也是不一样的。

有这样一则故事：从前，有个不孝子想把年迈的母亲背去山林扔掉。他一路走，母亲一路用树枝做标记。为了防止母亲沿标记回来，他专挑弯曲偏僻的羊肠小道，把自己累得浑身是汗。最后，他把母亲往地上一扔，狠狠地说："走了这么远，看你还怎么回去！"他的母亲低声说："我做标记不是想自己回去，是怕你迷路。"初次读到这则故事时，很不理解儿子如此不孝，母亲怎么会这么傻？后来才知道，这个世界上所有的母亲都是这样的"傻子"：无论我们是怎样的孩子，无论母亲是怎样的瘦弱贫穷，她永远向我们伸开温暖的双臂。在这个世界上，只有父母会牵挂我们的冷暖，默默关注着我们的一举一动。父母对子女的爱，情深似海。"树欲静而风不止，子欲养而亲不待"，这是多么残酷的事！相信，每一个赤诚忠厚的孩子，都曾在心底向父母许下"孝"的宏愿，相信来日方长，相信水到渠成，相信自己必有功成名就衣锦还乡的那一天，可以从容尽孝。但是我们不能忘了时间的残酷，忘了人生的短暂，忘了生命本身有不堪一击的脆弱一面。

现实中，有的家庭尽管在物质上承担了赡养老人的义务，但是在生活中对长辈缺乏爱心，冷冰冰地送出点钱便一了百了，不闻不问，使父母"端着碗不觉饭香，用到钱心感隐痛"。做晚辈的要多与老人交流、沟通，除了照顾他们的物质生活外，还应在精神上给予更多的关心和体贴，使他们充分享受天伦之乐。像《弟子规》中说："亲爱我，孝何难；亲憎我，孝方贤。"轻轻一声问候，慢慢地搀扶爷爷奶奶，在闲暇之余多陪陪他们，让他们孤单的心不再无依无靠。

作为新时代的青少年、祖国的未来，应该发扬和传承我国的传统美德，这既是我们应该做的，也是我们必须做的。父母为我们做了很多，也牺牲了很多。可能有的时候父母对我们很严厉，对我们的要求也很高，可能会让我们去做很多不想做的事，但其实他们都是为了我们好，希望我们以后可以过得更好。我们应该理解他们，而不是对他们抱有怨言。父母已经吃了很多生活的苦，就希望我们以后能够少吃一点苦。他们全心全意地对我们好，也从来都没有想过要我们回报多少。父母的爱是无私的，虽然他们不求回报，但我们也应该对他们充满关怀。

其实，敬老孝亲是很简单的事，我们可以从生活中的点滴小事入手。在父母下班之后，可以为他们按摩；分担一些自己能做的家务事；认真努力地学习，考取好的成绩，当父母看到成绩单的时候，就会很开心；少跟父母顶嘴，听他们的话；自己懂事一点，不要让父母为我们操心。这些事做起来很难吗？其实，并不难。可能有的学生会觉得，我们现在还没有能力对父母好。虽然给父母买东西是孝顺父母，但不是只有买东西才算孝顺父母。"子欲养而亲不待"这句古话证明了我们更应该趁现在，在时间还充裕的时候，抓紧孝敬父母。

孝敬父母长辈，是中华民族传统美德中的重要组成部分。父母长辈，养育了后代晚辈，从婴儿呱呱坠地到长大成人，花费了多少心血与汗水，辛劳了多少个日日夜夜。

敬老孝亲不能只停留在思想和口头上，而要付诸实际行动，从自己做起，从小事做起。比如，当父母辛苦劳动的时候主动端茶递水，做一些力所能及的家务劳动，自己能做的事情自己做，以减轻他们的负担。在社会的大环境中，我们虽然能力不大，但也应该有所作为。比如，当我们看到白发苍苍的老人不小心摔了一跤，旁边的人却视而不见、无动于衷的时候，我们可以主动上前扶起老人，如果摔伤了，还可以向他人寻求帮助。总之，每一次充满爱心的行动，每一次尊老爱亲的行为，虽然看起来微不足道，甚至毫不起眼，但只要我们坚持不懈、持之以恒地做下去，必将起到榜样的作用，可以在无形中感动和影响周围的人。如果全社会的人都能养成尊老爱老的优良品质，那么人与人之间的关系将会更和谐、更融洽、更亲密，人间将到处充满爱。

在拥挤的公交车上，你是否有为白发苍苍的老人让座？在繁忙的马路上，你是否扶着步履蹒跚的老人过马路？是否因为种种讹人事件变得冷漠？我们要改变负面的想法，用温暖的心、用真诚的情感、用真实的自己去关爱老人。面对社会上的老人，我们应该尊敬他们、关爱他们。他们灿烂过、黯淡过，也在生命的旅途上踏出过芳香的脚印。一个人做得到以上行为，便可影响千万人。我们用最真挚的行动来诠释尊老爱老，昭示我们身上优良传统美德的传承，将它发扬下去，代代相传，生生不息！

敬老孝亲是中华民族的传统美德，是先辈传承下来的精神财富。老人是我们的长辈，没有他们辛勤劳动，就没有我们幸福的今天。如今，当年的劳动者已年老体衰，但他们曾为社会作过贡献，值得我们尊敬和爱戴。他们有丰富的阅历和经验，值得我们借鉴和继承。生活中，我们不仅要孝敬爱戴自己的爷爷奶奶，更要尊敬其他老人。敬老孝亲不只是一句口号，关键在于行动，我们要以身作则，在家中做敬老孝亲的先锋，在社会做敬老孝亲的模范。

敬老孝亲是我们应该拥有的基本素质，也是身为子女的责任。作为学生，不应该让我们的传统美德丧失，而是应该弘扬我们的传统美德。我们要对父母好，这样能够让他们觉得付出是有回报的，才会感到欣慰。我们要经常关心他们，而不是回家就跟他们吵架。孝顺父母长辈，敬重长辈，是晚辈应该做的。父母养育我们长大，不曾亏欠我们分毫，作为子女，有孝顺父母的义务和责任。我们能够有今天这样的生活，是父母努力的成果，他们辛苦劳作换得我们安逸顺遂的生活，我们难道不应该孝敬父母吗？我们要做有孝义之人，而不是忘恩负义之人。

社会不断发展与进步，但是人口老龄化问题越来越严重，我们作为新时代的学生，必须学会尊敬、爱护老人，他们也曾经为这个社会付出过很多的努力，社会从来都不是一个人或几个人能建设起来的，是众多不同年龄、不同身份的人共同建设起来的，所以老人已经奉献了一生，我们也是在他们的努力下成长起来的，我们不能忘恩。

童年是一幅画，少年是一个梦，青年是一首诗，中年是一篇散文。回首人生，老年人是一部历史；把握今朝，老年人是一面旗帜；憧憬未来，老年人是一道风景。在过去的日子里，他们为这个社会的建设呕心沥血，任劳任怨，洒下了辛勤的汗水，作出了无私的奉献，我们为有这样的老人而感到自豪。

"老吾老，以及人之老。"除了亲人，我们还应尊敬每位老人。作为一名学生，我们可以在公交车上为老人让座，扶老人过马路，帮老人提菜，给老人按下电梯按钮。哪怕只是给老人一个甜甜的笑，都可以温暖老人的心。敬老孝亲是中华民族的优良传统，国家在物质生活上关心老人，社区在精神生活上丰富老人，而我们应从身边的小事温暖老人，勿以善小而不为，敬老孝亲，请从小事做起，从你我做起！

人人都会老，家家有老人。敬老孝亲是一项神圣的使命，它传递着阳光，让温暖洒到老人的心间。随着我国老年人口急剧增多，维护老人，敬老爱老这一中华民族几千年的美德更显得重要。夕阳的幸福要朝阳的回报，让我们用一颗真诚的敬老之心、感人的助老之行影响全社会，使所有老人都"老有所乐"。

第十三章　尊师重教，勿忘师恩

在我们的生命中，有一些人像我们的父母一样，是命运的天使，是人类灵魂的工程师，是未来蓝图的绘制者，他们就是老师。"春蚕到死丝方尽，蜡炬成灰泪始干"，这是他们最真实的写照。老师用全部心血灌溉我们求知的欲望，没有老师，我们难以爬上成功的阶梯。荀子曾说："木受绳则直，金就砺则利。"老师就是带领我们登上"求知号"的船长。

中华民族尊师重教的风尚源远流长，春秋时期孔子的三千弟子为报师恩，四处奔波，传播他的仁政思想。相传，孔子带领他的弟子周游世界。他们在去陈国和蔡国的路上被困住了，好几天没有吃饭。孔子只好白天躺下睡觉，试图忘记饥饿。颜回是孔子最年长的弟子，当他看到老师饥饿时，非常难过。心里想：老师老了，怎么能受得了这样的折磨？如果想不出办法，老师可能会有危险。颜回没有什么好主意，只好向别人乞讨。这一次，他遇到了一位善良的老妇人，老妇人给了他一些米。颜回高兴地把米拿回来倒进锅里，砍柴生火。很快，饭做好了。孔子刚睡醒，突然闻到一股米饭的香味，刚出门，看见颜回从锅里抓了一把米送到嘴里。孔子既高兴又生气：因为颜回太粗鲁了，老师没有吃，他就先吃了。过了一会儿，颜回恭恭敬敬地端来一大碗香喷喷的白米饭，对孔子说："今天遇到一位好心人送米，真是太好了。"孔子突然站起来说："刚才我在睡梦中看到了我死去的父亲，我想用这碗白米饭来祭奠他。"颜回急忙抢过饭碗说："不！不！这米不干净，不能用来祭祀。"孔子不解地问："为什么说它不干净呢？"颜回答道："我做饭的时候，没有注意到炭灰掉在上面。我不能把脏米给老师吃，扔掉又太可惜了，我就把它抓出来吃掉了。撒了灰的米怎么能当祭品呢？"孔子听了颜回的话，不由感到愧疚，觉得这个弟子是一个十分尊敬他的人。

相传，孔子有七十二位有名的弟子，子贡便是其中之一。子贡曾任鲁国、卫国丞相，后弃官从商，成为孔子弟子中最富有者。有一次，鲁国大夫在人前贬低孔子，抬高子贡。子贡非常气愤。他当即以房子打比方，说老师的围墙高十数丈，屋内富丽堂皇，不是一般人看得到的；而自己不过只有肩高的围墙，一眼就可望尽。他还把老师比作太阳和月亮，说孔子光彩照人，不是常人所能超越的。公元前 479 年，中国古代伟大的思想家、教育家——圣人孔子溘然长逝。孔子死后，众弟子皆服丧三年，相诀而去，独有子贡结庐墓旁，守墓六年，足见师徒情深、尊师之诚，实属中华尊师的楷模。后人感念此事，建屋三间，立碑一座，题为"子贡庐墓处"。因子贡为孔墓所植为楷树，后世便以"楷模"一词来纪念这位圣徒。

老师是先进文化的传递者和智慧的开发者；老师是科学文化知识的传播者和思想品格的塑造者。老师是人类灵魂的工程师，是最光辉的职业。老师有博大的爱心，有丰富的知识和高尚的人格。他们的言传身教、孜孜不倦、辛勤敬业、默默奉献都在无声地告诉我们怎样做人，怎样奋斗，怎样为国家作贡献。

尊重老师自古以来便是中华民族的优良传统。《礼记·学记》云："师严然后道尊，道尊然后民知敬学。"《荀子·大略》中说："国将兴，必贵师而重傅""国将衰，必贱师而轻傅。"秦始皇焚书坑儒，为此落得个骂名千古。可他尊敬老师的故事却鲜为人知。秦始皇统一六国六年后，即公元前215年的秋天，他第四次出巡，当时，秦始皇在文武群臣的护卫下，乘着车辇，浩浩荡荡地从碣石向东北的仙岛前进。随着均匀的马蹄声，秦始皇不觉陷入对往事的追忆中：回想起自己幼年的老师，仿佛他就在眼前，虽说严厉，可令人钦佩难忘。我能有今日，其中也有他的一份功劳呢。那位威严的老人，第一次授课讲的就是舜帝赐给我们家的姓。老师先分别讲了"亡，口，月，女，凡"，然后再合成一个"嬴"字。第二天就要背写。"老师，这字太难写了。""什么？一个嬴字就难住你了？将来秦国要你去治理，难事多着呢，能知难而不进吗？"说着就举起了荆条……可惜自己已多年没见过这位老师，听说他已经去世了。突然，车停了。前卫奏道："仙岛离此不远，请陛下乘马。"于是，秦始皇换乘了心爱的白马。不多时，便到了岛上。秦始皇环视渤海，更加思绪万千。待他低头察看眼前，却忽然下马，撩衣跪拜。随行的大臣见此情景，莫名其妙，也只好跟着参拜。等秦始皇站起身来，大臣李斯才问他为何参拜。秦始皇深情地说："众位卿家，此岛所生荆条，正是朕幼年在邯郸时老师所用的荆条，朕见荆条，如见恩师，怎能不拜？"后来，人们就把这个岛称为秦皇岛。

师恩浩荡，我们有什么理由不尊重用自己的汗水为我们成长辛勤耕耘的园丁呢？我们又有什么理由不感激用生命之光照亮我们前行之路的恩师呢？汉明帝刘庄，是东汉第二位皇帝。他在位期间，吏治非常清明，境内安定团结。博士桓荣是汉明帝做太子时的老师，而汉明帝对老师一向非常尊敬，后来他继位成了皇帝"犹尊桓荣以师礼"。有一次，汉明帝到太常府，在那里放了老师的桌椅，请老师桓荣坐在东边的位置，又将文武百官都叫来，当场行师生之礼。桓荣生病，汉明帝派人专程慰问，甚至亲自登门看望，每次探望老师，汉明帝都是一进街口便下车步行前往，以表尊敬。桓荣去世时，汉明帝还换了衣服，亲自临丧送葬，并将其子女作了妥善安排。汉明帝能放下自己的至高身份来尊敬老师，可见他的用心与风范，值得大家学习。

父母之爱，让我们感受到养育的艰辛；朋友之爱，让我们体会到互助的温暖；老师之爱，让我们体会到不求回报、无私关爱的伟大！老师是我们成长道路上的人生榜样。在坎坷曲折的道路上，有老师就有光亮；在跌跌撞撞地前行中，有老师就有方向。

"师者，所以传道受业解惑也。"人类数千年文明的延续，主要靠教育来实现，老师默默无闻地耕耘、浇灌，平凡而艰辛，却蕴含着伟大，创造着奇迹！唐太宗李世民，是唐朝第二位皇帝，历史上的明君，开创了"贞观之治"的盛世局面。李世民懂得国家要兴旺发达，长治久安，搞好子女教育非常重要，认为教诫太子诸王是"当今日之急"。因此，他给几个儿子选择的老师都是德高望重、学识渊博的人。而且，他一再告诫子女一定要尊重老师。一次，太子的老师李纲因患脚疾，不能行走。而在封建社会里，等级森严，除了皇帝和他的后妃、子女可以坐轿，其他官员不要说坐轿，就连出入都是诚惶诚恐。唐太宗知道这件事后，竟特许李纲坐轿进宫讲学，并诏令太子亲自迎接老师。后来，唐太宗又叫礼部尚书王圭当他第四个儿子魏王的老师。有一天，他听到有人反映魏王对老师不尊敬。唐太宗十分生气，他当着王圭的面批评儿子说："以后你每次见到王圭，如同见到我一样，应当尊敬，不得有半点放松。"从此，魏王见到老师王圭，总是好好恭迎，听课也认真了。由于唐太宗家教很严，他的几个儿子对老师都很尊敬，从不失礼。唐太宗教子尊师也被后人传为佳话。

我们无论遇到什么风格的老师，都应该尊重他，好好上他的课。因为不论怎样，老师都希望学生变得更好，学到更多的知识。老师更是我们人生旅途中的一盏明灯，指引我们前进的方向。我们要与老师互相尊重，相互关心，携手共进！

中华民族尊师重教的风尚源远流长，尊师是一个民族文明进步的体现，是尊重知识、尊重人才的体现。北宋哲学家杨时，将乐县人，四岁入村学习，七岁能写诗，八岁能作赋，人称神童。他十五岁时攻读经史，熙宁九年登进士榜。有一年，杨时和游酢去书院拜见老师程颐，适逢老师坐在炉旁打坐养神。杨时二人不敢惊动老师，就恭恭敬敬侍立在门外，等候老师醒来。过了良久，程颐一觉醒来，透过窗口发现侍立在风雪中的杨时和游酢，只见他们通身披雪，脚下的积雪已一尺多厚，赶忙起身迎他俩进屋。此后，"程门立雪"的故事成为尊师重道的千古美谈。杨时和游酢耐心等待，虚心请教。如果当时他们看到老师在休息，扭头就走，那他们就学不到知识，也就不会变成有学问的名人了。

宋代的民族英雄岳飞因幼年丧父，家境贫寒，无钱上学。周侗十分喜欢这个勤学的孩子，免费收岳飞为学生。周侗不仅教会他射箭的绝技，还教育他如何做人，帮助他树立爱国爱民、建功立业的远大抱负。周侗去世后，岳飞把他当作父亲一样安葬。每到初一、十五，岳飞不管在什么地方，都会祭拜周侗老师。在痛哭一番之后，他必定会拿起老师所送的弓，射三箭后才回去。岳飞为师父披麻戴孝，一生牢记师父教诲，精忠报国，死而后已。

"疾学在于尊师。"只有尊重老师，才能更好地得到知识。在我们求学的道路上，老师永远是奉献的代名词。我们的老师，常常孜孜不倦地教育我们，一丝不苟地奋斗在自己的岗位上。夜晚，常有他们忙碌批阅的身影；清晨，常有他们健步疾行的身姿……老师的教育让我们明白：我们能从失败中吸取教训，在困难中积蓄力量，在黑暗中寻找光明。老师启迪我们智慧去开动脑筋；老师给我们勇气让我们襟怀坦荡、正直为人；老师将美放在我们心中，给我们教诲、见识和热情。或许老师讲课的细节会随着时间的流逝被我们淡忘，但他们的热情、勇气和慈爱会永远保留在我们心中。老师让我们懂得生活像大海一样深邃，像天空一样辽阔。他们带领我们所经历的每个问题、每个发现、每个体验都令人着迷，让我们看到了智慧在知识海洋中闪烁。失败后温暖的鼓励，成功后及时的肯定，这一切的一切，我们又有什么理由不遵循老师的谆谆教诲，又有什么理由不感谢他们呢？

学业上遇到困难，是谁为我们耐心辅导和讲解？与同学发生矛盾，是谁对我们耐心教育和引导？生活中遇到困惑、感到迷茫，是谁帮助我们指点迷津？是老师。每个人都有自己的事业，都有自己独特的人生之路。有的人在平凡中默默地实现人生价值；有的人轰轰烈烈、成就卓著，作出了显赫的成绩。然而，当人们回顾所走过的人生之路，追寻事业发展的源头之时，很多人都会不约而同地想到一个人，那就是老师。

凡是有责任感的老师，绝不会允许自己的学生一而再、再而三地犯同样的错误，也不会目睹学生一步步迈向深渊而无动于衷。然而，有一些同学对老师的态度让人无法理解，如有的学生把老师的教育当耳边风，不尊重老师的良苦用心。更有甚者，对老师爆粗口，不尊重老师的人格。不知这些学生是否想过，这些举动是在伤害关心你、爱护你的老师的心？

为实现中华民族伟大复兴，在经济迅猛发展的今天，我们更应传承尊师重道的文明火种，发自内心地敬爱我们的老师，以实际行动回报我们的老师。我们无须大张旗鼓，更无须高喊口号，只需从身边做起，从点滴做起。课堂上，一道坚定的目光，一个轻轻的点头，就证明了你全身心的投入，你在专心地听课，这便是尊重。下课后，在走廊里看到老师，一抹淡淡的微笑，一声礼貌的"老师好"，这也是一种尊重。放学了，向老师招招手，说一句"老师再见"，这依然是对老师的尊重。请不要再把这些归结于无谓的小事，不要再不屑于身边的点点滴滴。

大家是否发现，在我们身边有个别学生口头上高喊尊重老师，但行为上却背叛了自己。例如，个别学生遇见老师不主动问好；上课明明迟到，却无视老师的存在，大摇大摆地走入教室；课上不遵守纪律，说闲话；课后不完成作业，作业本上笔迹潦草；等等。这些都是不尊敬老师的行为，更有甚者，居然当众顶撞老师，如此恶劣的行为难道不应引起我们的重视与反思吗？人世间最大的情感失衡，第一是在父母和子女之间，第二是在老师和学生之间，而当后者意识到这点时，大多已无法弥补。我们应该时刻注意自己的言行，配合老师的工作，关心老师的生活，以一颗赤诚的心去理解老师，把老师视为我们最敬重的人。

尊重老师，要有礼貌，如见面问声好，上下楼时给老师让路，看到老师手提重物时帮老师分担，见到老师课下劳累的背影时为老师续一杯热茶。尊重老师，要懂得尊重老师的劳动，如上课要认真听讲，积极发言，按时完成作业，书写作业的字迹干净端正，勤学好问，虚心求教，考试时不作弊，等等。尊重老师，要正确对待老师的过失，委婉地向老师提出意见。没有缺点的人是不存在的，发现老师的不足之处要持理解态度，向老师提意见语气要委婉，时机要适当。绝不能顶撞老师，恶化师生关系，犯了错误要及时向老师承认错误并及时改正。学生与老师关系融洽，既可以促进学习，又可以学到很多做人的道理，并且受益一生。

优秀的学习环境不是由规章制度创造的，而是来源于学生的自觉性。这自然涉及道德层面。从理论上说，遵守道德规范没有什么难的，比如进出老师办公室，隔着门喊一声报告，在出去时与老师道别，或者不打断老师讲课，尊重老师的教学成果。这些都是很容易的事，然而，有些学生却做不到。但是，没有良好的秩序，哪里谈得上优秀的学风和良好的学习环境？维持学习环境的秩序，也是尊师重道的一种体现。

对于每个人来说，从顽皮稚童到青涩少年再到风华正茂的生命历程中，老师都是最值得我们尊重和感恩的人。他们虽生活清苦，却情系祖国未来。他们虽是一烛微火，却燃尽自己，照亮别人。老师从未炫耀过，但那盛开的桃李就是对他们最高的评价。

大爱无言，真爱无怨。是老师的无私奉献告诉我们，爱是春晖融雪，爱是雪中送炭，爱是沙漠绿洲，爱是生命之源，老师默默无闻，不求回报，任凭尘染白发，师者如故，一年又一年，一代又一代。岁月无痕，人生有迹，点滴相连。从童年到青年，从青年到暮年，人的一生之所以绚丽温暖，是因为许多人和事，给了我们底蕴，给了我们光泽，给了我们色彩，给了我们力量，给了我们勇气……但在这一切之中，有一种色彩是底色，有一种力量是支持，这是老师的传道受业，是老师的教诲、叮咛，是老师的批评、怒斥，是老师的呵护、引航。

也许我们经过努力，成绩依然不理想，或许是因为掌握不好某一个公式、某一个定理，或许是因为背诵不下某篇课文；但我们不能以此为借口，自暴自弃，故意违反纪律，以致成为一个没有修养的人。野蛮时代已离我们远去，文明成为社会的主流，让我们做一个文明的现代人，在心中树立平等、尊重、宽容等现代公民意识，从尊师重道做起，从尊重老师的劳动做起，从认真上好每堂课做起。

从求知若渴的少年到展翅高飞的成人，从门外汉到专才，从远古人类的结绳记事到今天的信息技术飞速发展，教师的作用时时刻刻贯穿人类文明发展史。社会的发展依靠教育，教育的发展依靠老师。老师的默默辛劳换来了人类文明的勃勃生机。当我们遇到挫折时，老师帮我们撑起前进的风帆；当我们遇到困惑与迷茫时，老师为我们指点迷津；当我们因取得成绩而骄傲时，老师的及时点拨让我们清醒。然而，再多赞美的言语、仰慕的辞藻，也比不上我们用爱和行动来感恩老师。

十年树木，百年树人。老师的教诲之恩让人终生难忘。有人说，师恩如山，因为高山巍巍，使人崇敬。也有人说，师恩如海，因为大海浩瀚，无法估量。每个人的一生，总要经历许多事，遇到许多人，他们有的来了，又走了，但总有那么几个人，在心里驻足停留，让心底的那根弦一颤，然后久久泛起涟漪……是老师给予我们知识，指导我们学习，培养我们养成好习惯，让我们成长，而校园给我们提供了学习和生活的环境，我们也要热爱校园生活，要珍惜在学校学习的时光。

让我们将心底的那份对老师的感激之情以最简单的方式表达出来，让我们以回报恩师为动力，以理想、信心为针，以勤奋、拼搏为丝，去编织自己彩色的梦！

第十四章　饮水思源，学会感恩

感恩作为中华民族的传统美德，是现今具有时代意义的热门话题。今天人们生活在幸福之中，奔波于忙碌之中，往往忽视了自己受到的恩惠。俗话说："滴水之恩，当涌泉相报"。感恩从来都不是无缘无故的，我们感恩是因为曾经获得过他人的情谊——父母的爱、朋友的情、尊师的教导。

一个人只有学会感恩，对生命怀有一颗感恩的心，才能真正快乐。一个人不会感恩，心就是空的。"羊有跪乳之恩，鸦有反哺之义""赠人玫瑰，手有余香"，这些举动都因怀有一颗感恩的心，才芬芳馥郁、流传至今。有一颗感恩的心，不是简单地回报与承受，而是以一种感激的心态积极勇敢地面对人生。感恩不是口号，而是行动，让我们积极行动起来，让我们怀着感恩的心面向这个世界，让我们怀着感恩的心对待我们的生活。感恩无处不在，回报不论大小。

感恩是一种美德，是一种历史悠久的精神遗产。它的源泉是如溪水般长流的爱。回忆历史，我们总被这样的故事感动。"慈母手中线，游子身上衣。临行密密缝，意恐迟迟归。谁言寸草心，报得三春晖。"这是一首母爱的颂歌。深挚的母爱，无时无刻不在温暖着儿女，作为儿女，一生也难以报答慈母的恩情。孟郊这名常年颠沛流离、居无定所的游子，最难以忘怀的莫过于母子分离的痛苦时刻。《游子吟》这首诗描写的正是这个场景，写的是慈母缝衣的普通场景，而表现的却是诗人对慈母深沉的感恩之情。

感激生养我们的人，因为他们让我们获得生命，让我们健康成长。母亲，给了我们享受阳光和雨露的生命。从怀胎十月到呱呱坠地，她满怀兴奋、期待和不安地走过了白天黑夜。无声的泪水浸透了很多个不眠的日子，那是一位母亲幸福的眼泪，也是忍受了许多辛酸和痛苦的眼泪。当我们在母亲的呵护下一天天成长的时候，她们的生命也在一天天消逝，岁月在她们额头上深深地刻下了一道道痕迹，这都是为了她们的儿女啊！

父母的辛劳是我们目前无法切身体会的，我们虽然不能帮父母解决生活的艰辛，但我们可以在学习上、生活上让父母为我们少操一点心。对父母来讲，我们学习上的进步，生活上的自立自强都是对父母极好的回报。从小事做起吧，对父母说一句关心的话，为他们做一碗面，洗一次脚，端一杯热茶，洗一件衣服，擦一把汗水，整理一次房间……对父母的感恩在举手投足间，在一件一件小事里。"老吾老，以及人之老；幼吾幼，以及人之幼。"只有首先做到感恩父母，我们才会感恩成长路上陪伴我们的朋友，才会感恩给予我们帮助的陌生人，才会感恩辛勤培育我们的亲爱的老师……感恩父母，这是我们一切感恩的基础。

"谁言寸草心，报得三春晖""谁知盘中餐，粒粒皆辛苦"，这是我们小时候常常背诵的诗句，讲的就是要感恩。"滴水之恩，当涌泉相报""结草衔环，以报恩德"，这些流传至今的俗语，告诉我们的也是要感恩。父母赋予我们生命，我们应该懂得感恩并用实际行动来回报他们；老师赋予我们知识，我们应该懂得感恩并用成绩来回报他们；祖国赋予我们一片和平宁静的土壤，我们应该懂得感恩并奉献自己。虽说大恩不言谢，但感恩不仅要存之于心，还要付之于行。对你要感谢的人，一定要把那份心意表达出来，因为那不仅仅是表示感谢，更是一种心灵的交流。在这样的交流中，我们会感到世界因这样美好的息息相关而变得格外美好。懂得感恩的人，是有谦虚之德的人；懂得感恩的人，是有敬畏之心的人；懂得感恩的人，是对生命有深刻理解的人。

小草感恩阳光，因为阳光给它温暖；鲜花感恩雨露，因为雨露滋润它成长；小鸟感恩长空，因为长空供它飞翔；我们感恩同学，因为他们陪伴我们度过种种困难；我们感恩老师，因为老师给予我们知识，让我们明白人生的道理；我们感恩父母，因为父母给予我们生命，让我们来到这美好的世界……从我们出生的那一刻起，父母的肩上便多了一个重担；同时，父母也成为我们的第一任老师——启蒙老师，教我们说话识字，给我们讲故事，那是多么幸福，这一切的一切都是父母给予我们的礼物。我们感恩老师，感恩似园丁般辛勤劳动的老师，是他们用知识丰富了我们的头脑，使我们从一个无知的小孩渐渐地成为聪明的小学生。是老师，为我们打开知识的大门；是老师，带我们走进智慧的海洋。老师告诉过我们许许多多的道理，让我们树立了人生的目标，让我们学会了以宽容的心去接纳别人，让我们学会了以坚强的意志战胜困难与挫折，让我们学会了以快乐的心情迎接新的一天，让我们学会了感恩，让我们明白拥有感恩的心的人是高尚的。

当前社会上再度掀起感恩之风，伴随着"结草衔环，以报恩德""饮水思源"等悠久感恩文化的成长，我们知道感恩是一种美德、是一种态度、是一种信念、是一种情怀，也是人生的一种使命。有人说，忘记感恩是人的天性。因为当我们来到这个世界上，什么都还没来得及做的时候，我们已经开始享受前人带给我们的物质和精神成果。后天的教育提醒我们每个人，要怀有一颗感恩的心。怀有一颗感恩的心，才更懂得尊重——尊重生命、尊重劳动、尊重创造。听说过一个人向树道歉的故事吗？听说过所有正在行驶的汽车为狗让路的故事吗？这些真实的故事，使人们感动于人对生命的关爱，感动于人对生命的尊重。当我们每天享受清洁的环境时，要感谢保洁工作者；当我们迁入新居时，要感谢建筑工人；当我们出行时，要感谢司机……懂得感谢，就会以平等的眼光看待每个生命，尊重我们身边的每个人，尊重每一份平凡普通的劳动，也更加尊重自己。怀有一颗感恩的心，才更能体会到自己的职责。

"滴水之恩，当涌泉相报。"父母的付出远远比山高、比海深，作为子女，我们更应该感恩父母、孝顺父母。当甜梦温馨美好时，当鲜花斑斓溢香时，当前程锦绣平坦时，倔强的我们在求知路上拼搏。当无情的风浪突然袭来时，也许，我们只有悲观失望，只有忧愁叹息。这时，父母告诉我们，风雨之后依然是晴天，月缺之后依然是月圆。是他们带我们走出了人生的误区；是他们教会我们向困难挑战；是他们让我们在失败之后，重新扬起生命的风帆！当年的雏鹰面对蓝天，一无所知，心里藏满解不开的谜；如今，它们凭借强劲的翅膀遨游天空，去寻找未知的答案。但不管它们飞得多高、飞得多远，一定不会忘记温暖的家，一定会感谢父母给它们的爱。感谢父母，感谢他们给了我们绚丽多彩的人生，感谢他们让我们拥有一颗热忱的心。是的，舐犊情深，父母之爱，深如大海！

中国自古讲求孝道，孔子言："父母之年，不可不知也。一则以喜，一则以惧。""孝悌也者，其为仁之本与！"当鱼儿在水中自由欢畅，那是它在报答水养育了自己的恩情；当雄鹰在苍穹之上搏击长空，那是它在回报蓝天历练了自己；当小草在泥土中茁壮成长，那是它在感恩大地抚育了自己。感恩养育我们的人，是他们让我们体验生命；感恩教育我们的人，是他们给予我们精神的洗礼；感恩帮助我们的人，是他们让我们渡过难关；感恩关爱我们的人，是他们呵护我们健康成长。

感恩是人们从古至今一直都在谈论的话题，因为生活中充满了感恩。学会感恩很重要，我们要心怀感恩去面对生活、面对父母、面对老师。学会感恩，生活将变得无比精彩。感恩无处不在。感恩父母的养育之情，感恩老师的教育之恩，感恩生活，感恩自然。常怀一颗感恩之心，生活会充满阳光。

感恩父母，是他们给了我们生命，是他们让我们来到了这个五彩缤纷的世界，给了我们一个温暖的家，给了我们永远栖息的地方。没有父母，我们将看不见多姿多彩的世界，也体验不到生活的酸甜苦辣；没有父母，我们就像断了线的风筝，找不到回家的方向。父母是我们永远的依靠，让我们一起学会感恩父母。

老师毫不吝啬地传给我们知识，是老师给了我们打开知识大门的钥匙，让我们在知识的海洋里遨游，是老师用阳光般的笑脸，耐心细致地教育出一批又一批国家的栋梁之材，是老师在我们灰心的时候给我们鼓励，在我们遇到难题时耐心地讲解。当我们成功时，老师与我们一同享受喜悦；当我们失败时，老师给予我们鼓励和支持。老师将一生都奉献给了教育事业，无怨无悔地付出，却不求一丝一毫的回报，让我们一起学会感恩老师。

生活也给了我们许许多多的启示。大自然哺育了我们、养育了我们，我们应该以朋友的身份去保护它、爱护它。春天时，鸟语花香，使人心旷神怡；秋天时，硕果累累，使人感受到丰收的喜悦。蓝天是那么广阔，给了我们无限的遐想；草原是那么宽广，让我们自由奔跑。让我们一起感恩大自然！

时间给了我们一颗懂得感恩的心。带着感恩的心去聆听，所有喧嚣退去，爱的声音在心中回响。我们要怀有一颗感恩的心，去感谢那些给我们生命的人，那些给我们温暖和关怀的人，那些爱我们胜过爱自己的人。

有人说，一个人最大的不幸，不是得不到别人的"恩"，而是得到了，却漠然视之。一个不懂得感恩的人，只会把别人的给予当作理所当然，只会一味索取而不知报答，他的生活将会因体验不到相互给予的快乐和为他人创造快乐而枯燥乏味。作为一名学生，生活在阳光和甜蜜之中——父母给我们提供了成长的物质条件，老师为我们倾尽了心血，学校为我们提供了良好的学习环境，伟大的祖国为我们构建了和谐安定的社会。我们要感恩父母，感恩父母赐予我们生命，感谢父母的无私奉献和养育之恩。我们应对父母长辈多一份体贴，多一份关怀，多一句问候。我们要感恩老师，感谢老师对我们成长的启迪和帮助，感念老师的辛勤付出和谆谆教诲。我们应对老师多一点理解，多一点尊重，多一点爱戴。虽然我们现在还没有太多能力回报这些爱我们的人，但这足以让我们从现在开始就怀有一颗感恩的心，好好学习，天天向上，让我们以优良的道德品行和优异的学习成绩这一最好的回报方式来报答所有关爱我们的人。只有心存感恩，我们才会收获幸福的人生和快乐的生活。只有具有感恩心、博爱心、仁慈心、善良心、同情心，才能真正达到"人人爱我、我爱人人"的美好境界。

因为有了大地的供养，小树才能长成参天大树；因为有了花儿的点缀，花园才有了生气；因为有了小溪的汇集，才有了大海的浩瀚。点点滴滴的恩情，我们永远也说不尽。感恩是一种态度，它需要人们用爱去浇灌；感恩是一种品德，它需要人们用心去培养。其实，感恩也是一种习惯，因为它已经被深深地种在了人们的心中。

我们要在感恩中活着，感恩赋予我们生命的父母，感恩给予我们知识的老师，感恩为我们提供学习环境的学校，感恩帮助、关心和爱护我们的那些人，感恩我们的祖国，感恩大自然……感恩地活着，才会发现世界是如此美好。

第十五章 修身齐家，立世做人

"修身、齐家、治国、平天下"是儒家思想中知识分子尊崇的信条，意思是说"正人必先正己，治国必先治家"，以自我完善为基础，将家庭经营好，从而治理好国家，直到平定天下。这是一句非常值得深思的名言警句，几千年来，这句话被无数仁人志士视为最高理想。

所谓"修身"，就是要自觉做到慎独、慎微、慎欲。慎独，就是在无人监督的情况下，牢记"若要人不知，除非己莫为"这一千年古训，时时刻刻严格要求自己，谨慎地遵守道德准则，仔细地把握生活小节，绝不做有损礼节的事情，常怀律己之心，不在独处时存在侥幸心理，不自欺欺人，不腐化堕落。慎微，就是"勿以恶小而为之，勿以善小而不为"，时时谨记"千里之堤，溃于蚁穴"的道理，始终做到自重、自省、自警、自励。慎欲，就是要经得起诱惑，耐得住寂寞，老子讲："罪莫大于可欲，祸莫大于不知足，咎莫大于欲得。"要常思贪欲之害，常排非分之想，以平和之心对名，以淡泊之心对利，以敬畏之心对权，得之不喜，失之不忧，始终保持良好的心态。

"修身"是"齐家、治国、平天下"的基础，"齐家"是"治国、平天下"的关键。古人云："国之本在家，家之本在身。"试想，一个连家都经营不好的人，又怎能奢望他去管理好国家呢？儒家注重家庭与亲情。注重家庭的价值，以家庭为社会的核心，把家庭、家族的稳定与和睦作为社会稳定的前提。所谓"齐家"，就是要求家庭成员互相关心爱护，履行自己的义务，做到父慈子孝、兄友弟恭，这也有助于缓解现代工业社会带给人们的紧张与压力。坚持从亲情出发的仁爱原则和互惠互利原则，将家庭之爱、家族之爱扩展为人类之爱。邻里之间、朋友之间，讲求礼仪、互相敬让，以仁义礼智信为规范，有利于保持社会和谐有序。

先人曾说，"穷则独善其身，达则兼济天下"，即《大学》中的"古之欲明明德于天下者，先治其国；欲治其国者，先齐其家；欲齐其家者，先修其身；欲修其身者，先正其心……心正而后身修，身修而后家齐，家齐而后国治，国治而后天下平"。宋代学者张载说："为天地立心，为生民立命，为往圣继绝学，为万世开太平。"今天，我们要知道什么才是中国人的根基。

"栽什么树苗结什么果子，撒什么种子开什么花。"好的家风如同一个人的气质、一个家族的品性一样，人们会在举手投足间，体现出这种习性。一个家庭，如果没有良好的风气和规矩，就谈不上维持人与人之间的关系，做不到人与人之间和睦相处。一个人的成长过程是否受到良好家风的熏陶，结果可能是完全不一样的。因为父母是孩子的第一任老师，而家庭是孩子的第一间课堂，有什么样的家风和习惯，往往会塑造什么样的人。如果你是一个邋遢的人，那么可能很多人都会厌恶你，而且你给他人的印象可能会很差。当然，如果你是整洁讲卫生的人，你就会在他人心中留下良好的印象。

一个家庭如此，一个国家更是如此。有人认为，一个人浪费一点不算什么，一个家庭浪费一点也没有什么，甚至一个工厂浪费一点也不会影响大局。但如果世界上的人都在浪费，那么这也不算什么吗？小时候，我们都会背诵这样一首古诗："锄禾日当午，汗滴禾下土。谁知盘中餐，粒粒皆辛苦。"那时候，长辈都用这首诗告诉我们，千万不要浪费粮食，要尊重农民伯伯的劳动成果。可是现在有些人忘记了节俭的意义。在生活中看起来很小的事，在一些人眼中都是不值得在意的。像是水龙头哗哗哗地流着水，他们认为，这些水是取之不尽用之不竭的，可他们却不知道淡水资源的珍贵。一些山里的贫困孩子，面对这些珍贵的资源能省就省。他们可能经常吃不饱饭，也有人可能连学都上不了。

几千年的中华民族传统美德中有一条就是"尚俭"。它的意思就是崇尚节俭，乐于节俭，甘于节俭，对节俭这件事甘之如饴。我们崇尚节俭，反对奢侈，是为了弘扬中华民族的传统美德，既是对自己劳动成果的尊重，也是对他人劳动成果的尊重。然而，好的家风不是一天两天能形成的，它需要长期的"润物细无声"。对于青少年来讲，要经过长期的耳濡目染。在家庭中，风气是一个家庭的灵魂；在社会中，风气是社会的风貌和行为模式；在国家里，风气是整个国家的尊严和传承。所以我们要将好的家风传承下去，发扬光大。家是最美的港湾，家风是指引我们启程和归航的路标灯塔；家是一座大厦，家风是这九层之台的垒土基石。家风是融化在我们血液中的气质，是沉淀在我们骨髓里的品格，是我们立世做人的风范，是我们工作生活的格调。

"敬长"也是中华民族的传统美德。李大钊说过："……我不主张儿子对自己行孝，可是我疼爱自己的老人，因为他抚养了我，教育了我，为我付出过很多的心血，疼爱自己的老人这是人之常情。"而今天更应提倡和发扬敬长传统美德，这是现代社会公民应有的风范。"虚左以待""程门立雪""三顾茅庐"等以礼相待的成语和典故，在历史上被广为传诵。知礼、讲礼、对人彬彬有礼，体现了对他人的尊重，是保持人与人之间正常关系的准则。知礼、讲礼的人大多以他人为重，以社会为重。真诚待人也正是一个人高尚情操的体现。试问，那些对长辈出言不逊，对朋友态度粗暴，在公共场所横冲直撞的人，会是一个有文化、有教养、懂礼貌、讲文明的人吗？当今社会，道德素养、文化素养对个人和民族来说是至关重要的。如果物质文明提升了，精神文明却衰退了，那么这与一个有"礼仪之邦"之称的国家，与一个进行现代化建设的民族相符吗？

一个国家必须有自己的国魂，一个民族必须有自己的精神，才能把全民族的智慧集中起来，形成无比强大的精神力量和物质财富。中华民族几千年延续下来的爱国气节、奋发立志、改革创新、勤学好问、勤俭廉政、敬长知礼等传统美德都体现了中华民族的国魂和精神。

当代的青少年有理想、有热情，向社会寻求帮助和支持，渴望施展自己的才华。然而，在这变革和迅猛发展的时代，真正在探索中获得成功的青少年，都是需要经过重重考验的。许多青少年还在理想与现实的差距上失意徘徊，一个很重要的原因是不能正确地认识道德品质的重要性。瑰丽的梦想，固然充满了鲜活的诱惑，但创造精彩的过程，更会滋养不屈不挠的创造情怀。一个人靠着坚韧的毅力而取得成就，他的成功与其自身品质紧紧地融合在一起，构成了人生最幸福、最壮美、最起伏跌宕的动人乐章。

中华民族自古以来都是一个讲究品德教育、个人修养的民族，一次执着的追求、一次慰藉人心的宽容微笑都能融汇成美德赞颂曲中一个个动人心弦的音符。我国千百年来的文明礼仪之风传承至今，我国向来有"文明古国"之称。一个素质高、有教养的现代人，必须有良好的文明礼仪。文明礼仪处处可见：当我们向长辈和客人彬彬有礼地问好的时候，当我们向有困难的同学伸出援助之手的时候，当我们向父母表达一份孝心的时候，当我们珍惜每一粒粮食的时候，当我们"严于律己，宽以待人"的时候，当我们敢于承认错误的时候，当我们志存高远而又脚踏实地的时候……我们所做的一切，不都是在继承和弘扬中华美德和民族精神吗？鲁迅说过："中国欲存争于天下，其首在立人，人立而后凡事举。"所以提高个人修养尤为重要。人的文明修养并不是与生俱来的，而是靠后天不断提高的。前进的路已经为我们铺好，下一步，就是要我们顽强地走下去。没有美德的人，不算高尚，别让陋习沾染如花的青春，更别让陋习存在于我们美好的人生中。

我们知道，学生只有具有良好的文明行为习惯，才能构建良好的学习环境，创造良好的学习氛围。现在，我们正处在人生最关键的成长时期，我们在这个时期的所作所为，将潜移默化地影响我们的心理素质，而文明的行为在帮助我们提高自身心理素质的同时完善了道德品质，如果我们不在此时抓好自身道德素质的培养，那么我们即使拥有了丰富的科学文化知识，于人、于己、于社会又有什么用呢？生命短暂，只有美德才能流传于后世。所以，我们首先应该做一个堂堂正正的人，一个懂文明、有礼貌的谦谦君子，然后才是成才。不能做一台单纯掌握知识技能的"机器"，而要成为一个身心和谐发展的人。文明就是我们素质的前沿，拥有文明，我们就拥有了世界上最为宝贵的精神财富。"良言一句三冬暖，恶语伤人六月寒"，文明礼貌是最容易做到的事，同时是生活中最重要的事，他比最高的智慧及一切学问都重要。

"融四岁，能让梨。"孔融虽小，却懂得敬老慈幼，令我们肃然起敬；周恩来12岁时，就立下"为中华之崛起而读书"的雄伟志向，成为我们学习的楷模；在汶川大地震中，9岁的林浩，面对危险毫不畏惧，勇救两名同学，是我们学习的榜样……这些具有传统美德的少年在中华民族的历史长河里数不胜数。作为一名新时代的小学生，我们应该将他们作为榜样。在学校里勤学善思、努力学习，广泛地阅读图书，培养高尚的情操和坚强的意志。在家庭中，孝顺长辈，主动帮助父母分担家务，不让父母操心。拥有这些良好的美德，我们才能够得到老师的信任、同学的拥护、长辈的喜爱。让我们用诚实、勇敢、勤奋、善良、自信等优良美德来感染身边的每个人，做一个名副其实的美德少年！

在现实生活中，也许有青年旁若无人地占据公共汽车的老弱病残座位，也许有外表靓丽的姑娘口出脏话，也许有路人撞了你不道歉便扬长而去，也许有衣着光鲜的行人随地吐痰、丢果皮。看到这些不雅的言行，你一定会觉得他们与文明的社会是那么不协调。是的，当今有些人对于自身不雅行为不以为意，还会认为：小节无碍大事。其实，言行文雅不是小事，它是一个人素养的体现，更是一个社会文明程度的标志。可以这样说，雅行是现代文明人的重要素质，它比人的智慧与学识还重要。举止文明、彬彬有礼、温文尔雅、仪态万方，这些美好的词语都是雅行的写照。在社会中，文明雅致地处世待人，是每个青少年成长过程中的必修课。我们不能任由不雅的行为发生在大家的身边。校园内，有我们不经意丢下的垃圾；同学间，话语里也有脏话、粗话的字眼。虽说这只是一些小小的毛病，但却影射出素质上的缺陷。

然而，在传承美德的路上，我们也不难发现诸多难堪与困惑。某些人总是感叹"世风日下"，在这个经济日益发展的现代社会，道德是否真的一再"贬值"？然而，作为一个中国人，在其的内心深处，都或多或少地有着千百年来民族美德的沉积，都有着对道德的认知与认同。我们是21世纪的青少年，走在建设祖国的道路上，任重而道远。我们既是中华传统美德的传承者，又是体现时代进步要求的新道德规范的实践者。在面向现代化、面向世界、面向未来的我们身上，寄托着实现中华民族伟大复兴的希望。因此，我们更要传承中华美德，培养民族精神。

中国是一个有着五千多年历史的文明古国，源远流长几千年的是我们祖辈世世代代传承下来的文明礼仪。作为中华民族的传人，我们有责任为祖国文明礼仪的继承发扬和现代社会的文明进步作出努力。做一个文明的小学生，我们应当注重在日常的学习和生活中，从自己言谈举止的每个细节入手，自觉遵守文明礼仪。

21世纪的朝阳已冉冉升起，历史飞越，谱写着中华民族五千多年的辉煌，在这漫长的发展历程中，中华民族形成了代代传承的美德："天下兴亡，匹夫有责"的爱国情操，"自强不息，艰苦奋斗"的昂扬锐气，"厚德载物，道济天下"的广阔胸襟，"富贵不能淫，贫贱不能移，威武不能屈"的浩然正气。一个民族，没有振奋的精神和高尚的品格，就不可能自立于世界民族之林。自古以来，中华传统美德就熔铸在团结统一、勤劳勇敢、自强不息的伟大民族精神之中，无数的中华儿女，一代接一代，传了中华美德，传递着中华民族奋进的圣火。在发展的道路上，我们不难看到道德规范的实践者，古人如是，今人亦如是，只因美德在我心。

第十六章 热爱祖国，少年责任

"遥远的东方有一条江，它的名字就叫长江；遥远的东方有一条河，它的名字就叫黄河……古老的东方有一条龙，它的名字就叫中国。"看山川绵延，看江海奔腾，这是九百六十万平方千米华夏大地的风采，它积淀了中华上下五千多年的繁荣与昌盛。

举世闻名的四大发明让我们知道了祖先的聪明与才智，古老的丝绸之路让我们知道了祖国历史的悠久和渊博，雄伟的万里长城让我们知道了祖国的气势和磅礴，圆明园的残垣断壁让我们知道了祖国的屈辱与悲愤，大漠荒原让我们知道了祖国的广大和辽阔。这是我们的祖先在悠久历史长河中谱写的一部浩气长存的绚丽史诗。可是，曾几何时，我们的祖国饱经沧桑，历尽磨难，它的儿女被称为"东亚病夫"，在生死存亡的危难关头，是一个又一个中华儿女，发出了一声声震惊世界的呐喊，抒写了一首首悲壮的诗歌。为挽救沉沦的中华民族，无数同胞抛头颅、洒热血，终于换来了天安门城楼上那一声惊天动地的声音："中华人民共和国中央人民政府今天成立了！"历史证明，那流淌着祖先英雄血脉、具有创新意识的民族是一个不屈的民族、优秀的民族，那条腾飞在东方的巨龙，它的儿女团结奋进，勇敢自强！

"天下兴亡，匹夫有责。"这是明清爱国学者顾炎武的名言。爱国主义在不同的历史时期有着不同的理解和实践，每个时代都有爱国爱民的志士和民族英雄。只要我们发扬这一优秀的民族传统，团结一致，众志成城，就会使我们的国家更加强盛，在世界民族之林中绽放出更加夺目的光彩。

中华民族是一个伟大的民族，爱国主义精神是我们这个民族最美的花朵。爱国，是一个神圣的字眼，在历史发展的曲折进程中，爱国主义历来是我国人民所崇尚的。回顾中华民族的历史，无数为国家抛头颅、洒热血、无私奉献的民族英雄至今活在我们心中。

戚继光是明朝抗倭名将，军事家，民族英雄。他出身将门，17岁袭父职为登州卫指挥佥事，后任浙江都司佥事。1556年升参将，镇守宁波、绍兴、台州 3 府。

1559 年台州倭乱频繁，百姓深受其害。数千名倭寇包围桃渚千户所，戚继光从宁波率兵连夜驰援台州，解桃渚之围，歼入侵海门倭寇。之后，亲去金华、义乌等地招募精壮农民和矿工，以岳家军为榜样进行编练，终成闻名天下的戚家军。戚继光针对南方的地形和倭寇作战特点，创造了长短兵器配合，因敌因地变换队形、攻防兼宜的"鸳鸯阵"，使用飞刀、飞枪、飞箭等，屡次打败倭寇。在沿海造烽堠，修城墙，训练守军。

1561 年，数千名倭寇在台州登陆。戚继光率军出击，在宁海健跳（今属三门），临海花街、上峰岭、白水洋和太平（今温岭）新河、长沙等地，连续九次挫败倭寇的进犯，救出数千名被掳难民。史称台州大捷，亦称台州九战九捷。

1565 年，戚继光与俞大猷剿平广东倭寇，解除东南倭患。后在蓟州镇守16 年，边备修饬，外敌不敢轻易进犯。

清朝末年，我国派出了第一批出国留学生。他们都是少年，12 岁的詹天佑就是其中之一。詹天佑攻读铁路工程专业，顺利毕业回国后，立志报效祖国，在外国人面前扬我国威。但是，当时的清朝官员在修建铁路时一味地相信洋匠师，对自己的工程师反而不信任。

1905 年，修建北京到张家口铁路的消息传开了。英国人和俄国人都争着要修，因为他们明白这条铁路在中国的战略地位，掌握了它就能控制中国，双方争执不下，最后达成"协议"，说中国如果不让他们修，他们就什么也不给。他们以为中国人离开他们一定修不成这条铁路。

清政府这才让詹天佑担任总工程师。有人对他不放心，说他自不量力，说他胆大包天，劝他不要承担这项难度十分大的工程。詹天佑说："京张铁路如果失败，不但是我的不幸，也会给中国带来很大损失。外国人说中国工程师不行，我则坚持由自己来办！"

于是，京张铁路正式开工，紧张的勘探、选线工作开始了。詹天佑带着测量队，身背仪器，日夜奔波在崎岖的山岭上。一天傍晚，猛烈的西北风卷着沙石在八达岭一带呼啸怒吼，刮得人睁不开眼睛，测量队急着结束工作，填个测得的数字，就从岩壁上爬下来。詹天佑接过本子，一边翻看填写的数字，一边疑惑地问："数据准确吗？""差不多"，测量队员回答说。詹天佑严肃地说："技术的第一个要求是精密，不能有一点模糊和轻率，'大概''差不多'这类说法不应当出于工程人员之口。"之后，他背起仪器，冒着风沙，重新吃力地攀到岩壁上，认真地勘测了一遍，修正了误差。

不久，勘探和施工进入最困难的阶段。在八达岭、青龙桥一带，重峦叠嶂，陡壁悬岩，要开四条隧道，其中最长的达一千多米。詹天佑经过精确测量计算，决定采取分段施工法：从山的南北两端同时对凿，并在山的中段开一口大井，在井中再向南北两端对凿。这样，既保证了施工质量，又加快了工程进度。凿洞时，很多石块全靠人工一锹锹地挖，涌出的泉水要一担担地挑出来，身为总工程师的詹天佑毫无架子，与工人同挖石，同挑水，一身污泥一脸汗。他还鼓舞大家："京张铁路是我们用自己的人、自己的钱修建的第一条铁路，全世界的眼睛都在望着我们，必须成功！""无论成功或失败，决不是我们自我的成功和失败，而是我们国家的成功和失败！"

经过4年艰苦的劳动，最后成功地修筑了京张铁路。这是中国人自己设计施工的第一条铁路，极大地鼓舞了全国人民的志气。詹天佑为祖国赢得了荣誉，原先那些瞧不起中国工程师的外国人也对他表示由衷敬佩。

1937年淞沪会战爆发，上海四行仓库八百壮士的英勇事迹震惊中外，为全国军民竖起一座不屈不挠的精神堡垒。一名十七岁的中国女童子军队员泅水游过苏州河，勇敢护送国旗献给八百壮士的壮举，振奋了整个上海战区和租界军心民气。

原来，当时八百壮士为了掩护数十万国军撤退，在四行仓库全力对抗日军。这时候，女童子军队员杨惠敏正在租界难民收容所服务，眼见对岸日军旗帜遍布，独四行仓库屋顶未竖国旗，于是下决心为孤军英勇献旗。

杨惠敏随即奔赴上海市总商会，接过国旗，她将外衣脱去，把国旗紧紧地缠在腰间，再穿上童子军装束，入夜以后，到茶叶大楼的俱乐部，英国卫兵与俱乐部大部分人都认识她，没有遇到什么麻烦，夜半以后，便趁机溜出大楼。

夜空是黝黑的，远处有英军走动的影子，马路对面，她感觉四行仓库大楼像一个巨人，凛然地俯视着她，为了不让英军发现，只有沿着楼下铁丝网，爬到一个缺口，从窗子爬进去。爬过马路，她急剧跳动的心刚稳定下来，忽然听到枪声，她以为被敌军发现，连忙倒在战壕里不敢动，红绿的火舌在她头上飞舞，原来是白天的广播引起敌人的注意，向四行仓库发动进攻。

不久，枪声沉寂下去，她又开始慢慢爬，终于爬到仓库东侧的楼下，一根绳子自楼上垂下，由于早已通知守军，杨惠敏知道这根绳子是迎接她的，她拉动绳子，楼上的人迅速将她吊进窗子。谢晋元团长和几位高级军官早已在窗口迎接，杨惠敏脱下外衣，将浸透了汗水的国旗呈献在他们面前，朦胧的灯光下，这一群捍卫祖国的英雄都激动得流下泪来！

清晨，谢晋元团长立刻吩咐部下准备升旗，因为屋顶没有旗杆，临时用两根竹竿扎成旗杆。这时东方已现鱼肚白，曙色曦微中，平台上稀落地站了一二十个人，都庄重地举手向国旗敬礼，没有音乐，没有排场，但是那神圣而肃穆的气氛，单调而悲壮的感人场面，叫人永远也不能忘记。

杨惠敏不仅是中国女童子军的光荣，也是中国女青年的榜样，保家卫国不一定要持刀持枪，一面国旗，足以振奋战场上的军心民气。而童子军精神，就是不居功、不怕死，是服务人民的仁爱牺牲精神。

爱国者，一个平凡而伟大的概念，它既代表着一个人，也代表着一群人。我相信每个深爱着自己祖国的人都是爱国者，有的爱得平凡，只是力所能及；有的爱得伟大，为国家奉献了一生，往往就是这么一群人，无时无刻不在激励着我们，鼓舞着我们，他们的名字永远铭刻在我们心中！

中国航天之父、导弹之父、火箭之王、"两弹一星"之父钱学森说过："我个人仅仅是沧海一粟，真正伟大的是党、人民和我们的国家。"多么朴实而真情的话语，字里行间都表露出对国家和人民真挚的爱。在他心里，国为重，家为轻；科学最重，名利最轻。五年归国路，十年两弹成。他是知识的宝藏，是科学的旗帜，是中华民族知识分子的典范。

钱学森是真正的爱国者，是伟大的爱国者，他那满腔热爱祖国的真情，为国家发展贡献一切的精神，深深地感动着我们。他说过："我姓钱，但我不爱钱。我在美国前三四年是学习，后十几年是工作，所有这一切都在做准备，为了回到祖国后能为人民做点事——因为我是中国人。因为我的事业在中国，我的成就在中国，我的归宿在中国。"

他说过了，他也做到了！因为他的归国之路是那么的艰辛和不易。话要追溯到新中国成立之初，祖国的发展在呼唤着漂泊四海的科学家回国建设新家园。那时的钱学森已经在美国取得了巨大的成就，当时美国政府得知钱学森要回国，便将他软禁起来，而且开出非常优厚的条件：给他提供豪华的别墅、先进的科研设备、优越的工作环境、诱人的荣誉，只要钱学森留在美国，美国政府会答应他的一切要求，除了回国。然而，这一切都没有能够撼动钱学森回国的决心。

经过几年的磨难，钱学森费尽周折，终于绕道回到了盼望已久的祖国怀抱。钱学森回到祖国，便着手开始了研制"两弹一星"的伟大事业。当时，苏联专家撤走了，科研条件也十分简陋，钱学森带领着一批满怀爱国之情的科技工作者，废寝忘食地工作，一丝不苟地研究，终于制造出"两弹一星"：原子弹、氢弹和卫星。

"两弹一星"使我国的国防线变得强大起来，祖国也挺起了腰杆屹立在世界民族之林，钱学森和一批爱国科学家功不可没。如果没有他们，就不会有现在繁荣富强的中国！钱学森，一个永远值得我们学习的榜样！一个中国人永远不能忘记的爱国者！

清朝康熙皇帝亲政的时候，还不到二十岁，却遇到了很多麻烦事。当时有个叫吴三桂的军事首领，因为为清朝建立政权立了大功，被封为平西王，势力越来越大，后来又野心勃勃，以西南为基地发兵谋反，要与清朝争夺天下。他的军队人多，又得到了地方的支持，气势汹汹。当时清朝刚刚稳定下来，与吴三桂开战，在兵力、财力上会有很多困难。有大臣劝康熙皇帝不要派兵镇压，而是议和为上，实在不行，就把长江以南的地区让给吴三桂，实行南北分治。如果真那样，就又要出现南北朝分裂的局面了。康熙皇帝坚决不同意。他说，不管有多大难处，也要派兵平定叛乱，南北分治是绝对不允许的。于是，他亲自调集各路军队，和吴三桂的叛军较量，又采取各种手段分化瓦解，终于扭转了被动局面，顶住了叛军的大规模进攻，继而开始反攻。吴三桂没想到年轻的小皇帝这么果断坚决，而自己又是名声极坏的人，得不到人民的支持，仗越打越糟，最后病死了，叛乱也被平定了。事实证明，康熙皇帝顺应历史潮流和民心，坚决维护国家统一，是完全正确的。

林则徐是清朝后期一位著名的民族英雄和伟大的爱国主义者。他任湖广总督期间，由于当时朝廷腐败，英国将一种叫鸦片的毒品源源不断地偷运进中国，毒害中国百姓。林则徐面对这一切，十分焦急。他多次向皇帝上书，陈述鸦片的危害。道光皇帝接受了林则徐的建议，任命林则徐为钦差大臣，负责禁烟。1839 年 3 月，林则徐到达广州，禁烟运动迅速展开。

近代以来，为了保卫国家，反抗帝国主义的侵略，更是有许多仁人志士为捍卫民族主权而慷慨就义。新中国成立以来，有很多杰出人物，如邓稼先、华罗庚、钱学森等，他们在祖国最需要人才的时候，毅然回到了祖国，为国家的现代化建设贡献力量。这些人的光辉形象和他们可歌可泣的动人事迹，永远激励着每一个中国人奋发向上！

我们作为 21 世纪的青少年，是祖国的希望，祖国的未来必将属于我们。所以，我们更要继承和发扬崇高的爱国主义精神，要明白爱国使命的真正含义。我们是学生，要注重学习，学习好了，就可以报效祖国，回馈社会，把祖国建设得更加强大，社会建设得更加美好，这就是最好的爱国。爱国思想是人们对祖国的理性认识。爱国行为是指人们身体力行、报效祖国的实际行动，是爱国主义精神的落脚点和归宿。牢牢把握爱国主义精神是我们全力做、应当做、必须做的事。我们要把爱国热情转化为奋发向上的精神动力，要刻苦读书、立志成才。爱国，是至高无上的品德，是民族的灵魂。

每当耳边响起激昂的国歌，每当看到冉冉升起的五星红旗，我们的心中便会热血澎湃，祖国使我们感到骄傲和自豪。祖国就像东方的一颗璀璨明珠，拥有着五千多年历史的光辉，在这片富饶的土地上，散发着金色的光芒。我们的祖国有着浓厚的文化色彩，时间并没有使它"褪色"，反而使它变得更加绚丽多彩。汉字就是其中之一，它拥有悠久的历史，蕴含了古人的智慧。此外，中国的唐诗宋词令人折服，汉唐雄风的豪迈令世人惊叹，古代的丝绸之路更是历史上不可忽视的存在，它将中国文化与西方文化融汇，从而变得更加丰富多彩、璀璨夺目。当世界笼罩于原始与愚昧的混沌中时，古老的东方燃起了文明的火种；当欧洲处于中世纪教会神权统治之下时，中国的四大发明迸出了科技的火花；当世人习惯于不知所终的七大奇迹时，他们仍要为东方古国的兵马俑倍感惊叹！在历经沧桑、饱受摧残后，中国再次站起来了。我们的农业经济欣欣向荣，工业建设稳步前进，能源生产蒸蒸日上，交通电信日新月异，科学技术突飞猛进……这些不仅让我们自豪，更令全世界瞩目。

每当我站在中国地图前，用手指抚摸着那一条条河流和一座座高山时，我不禁发问，我们这片古老的土地为何如此多姿、如此神奇？这片土地上的人民为何如此英勇、如此聪慧？是什么让山河湖海拼成一幅美丽的画卷？是什么使中华儿女血肉相连拧成一股牢固的绳？我得到的答案是民族精神。正是有了它，中华民族得以在五千多年古老文明中生生不息、源源不断；正是有了它，面对黑暗和痛苦，中华民族没有丧失斗志，在一次次失败中一次次崛起。中华民族是一个伟大的民族，是一个不可战胜的民族。我们都是华夏儿女、龙的传人。学习、传承民族精神是每个人的责任。

今天，祖国在腾飞，这片土地龙腾虎跃、天翻地覆。我们看到了，中国高铁冲出国门、走向世界；我们看到了，神舟飞船飞向太空；我们看到了，中国汽车产销连续七年高居世界第一；我们看到了，中国无人机走在世界前列；我们看到了，中国互联网开启新华章；我们看到了，"一带一路"倡议引起全世界的瞩目。厉害了，我的国！沧桑岁月已成往事，我们正处在祖国繁荣富强的好时代，少年强则国强，祖国人民在期盼着我们，我们肩上背负的是时代赋予的责任和使命。我们要努力学习、共同奋斗，在祖国宏伟蓝图上留下最灿烂的一笔，披荆斩棘，实现中华民族的伟大复兴！我们衷心地祝福祖国永远繁荣昌盛，愿祖国的明天更美好！

当珠穆朗玛峰上一片片雪花悄然落下时，当戈壁里的沙尘暴咆哮着冲向防风林带时，我们不禁赞叹祖国的雄壮美丽；当西湖的湖面变得烟雨朦胧时，当大运河旁边的柳枝随风飞舞时，我们看到了祖国的寸寸柔肠；当黄果树瀑布的水汽迎面扑来时，当滚滚的长江水拍打着西陵峡的暗礁时，我们感受到了祖国宏伟的气势。美丽的中国是一幅五彩斑斓的壮美画卷，是一曲跌宕起伏的交响乐，是蓝天、白云、瀑布、山川、密林，是农民犁下耕耘出的粒粒希望，是孩子心中最天真的童话故事，是诗人笔下一行行浓墨重彩，是从土地里迸发的点点翠绿，是树木粗壮的枝干旦勃发的生命，是人与人、与环境、与自然的交汇融合。

对于学生来说，爱国就是从点点滴滴的小事做起，从日常行为规范做起，把爱国化为具体的行动。我们爱国，首先要爱父母、爱家庭、爱学校、爱班级、爱老师、爱周围的人、爱周围的环境。同学们，擦亮一块玻璃，捡起地上的一张废纸，认真完成每一次作业，学好每一门功课，对学校财产爱惜有加，认真遵守校纪班规，这些就是爱国爱校的具体表现。同学们，学校是祖国的花园，学校的成绩就是我们的成绩，学校的荣誉就是我们的荣誉。所以，热爱学校的一草一木、一砖一瓦是爱国爱校；上课认真听讲是爱国爱校；尊重老师是爱国爱校；团结同学是爱国爱校；不向教室窗外乱扔纸屑是爱国爱校；下课后不追逐打闹是爱国爱校；看见水龙头滴水主动上前关闭，主动关掉教室里无人使用的电灯也是爱国爱校。同学们，我们都爱自己的母亲，我们会为了母亲一个满意的微笑而竭尽全力，那么就让我们像爱自己的母亲一样，从身边小事做起，以实际行动热爱我们的祖国。

当灿烂的太阳跳出东海的碧波，帕米尔高原上依然是群星闪烁。当北方还是银装素裹的世界，南方早已到处洋溢着盎然的春色。祖国的壮美景色与辉煌历史令人赞叹，曾经受的磨难也令人难忘。回顾历史，我们将铭记：一个国家如果落后就会挨打，就会遭受欺侮。只有祖国富强、民族振兴，才不会遭受外来的侵略。当第一面五星红旗冉冉升起，全世界都看到"中国人民从此站起来了！"祖国日益繁荣，科技日益发达，中国有了更加值得骄傲的成果。

"少年智则国智，少年富则国富，少年强则国强。"我们是祖国的孩子，我们是中华的少年，要做船舰去长风破浪，要像利剑把贫弱斩断，要用爱心把世界相连。今天，历史和未来将由我们连接，时代的接力棒要靠我们相传。我们要努力学习、健康成长、奋发图强，将先烈的精神继承、发扬，让五星红旗永远绽放最美的光芒，一起谱写祖国更加璀璨的篇章！

第十七章　不负韶华，珍惜光阴

有人说青春像一束耀眼的阳光，朝气蓬勃；有人说青春像一首无悔的歌，唱出酸甜苦辣；有人说青春像一朵鲜花，芬芳中含着一份羞涩。成长岁月在记忆的沙滩上留下幼稚足迹，从咿呀学语到蹒跚学步，我们总会有许多五彩斑斓的回忆。

"星光不问赶路人，时光不负有心人。"青春的我们都一样，年轻又彷徨，而这时候，我们更需要理想的指引。当我们在玩耍时，当我们在睡觉时，当我们在发呆时，时间正在悄悄流走。人人都有青春，有的人可以把握它，有的人却无视它。把握住的人，今后的生活是光明的，是宽阔的，再回想曾经也是一脸欣喜；没有把握住的人，今后的生活也许是晦暗的，是曲折的，回想曾经也许会满心后悔。

很多人都会问："青春是什么？"有人会说："是吃遍天下美食。"有人会说："是天天在学校读书。"有人会说："是做自己喜欢做的事。"我们的青春是用来奋斗的，是每个青少年为了实现自己的理想去求知和努力的。周恩来在少年时期说过："为中华之崛起而读书！"是啊，这是周恩来的青春。毛泽东十七岁才真正开始读小学，他跟一群比他小十多岁的小孩子一起读书，并没有感觉羞耻，对知识的渴望，促使他不放过任何一张报纸，如饥似渴地汲取着知识，这是毛泽东的青春。居里夫人把她最美好的青春献给了科学事业，在上百次的实验中，她的手被灼伤，她的身体被辐射伤害，但她并没有放弃，最终发现了镭，这是居里夫人的青春。

每个人都有属于自己的青春，但奋斗的青春让人敬佩。在中国革命的艰苦时期，不知有多少青少年在风华正茂的年纪，用血肉为祖国筑起一道钢铁长城。他们为革命事业，为自己的信仰，用青春挥洒热血。如今是一个和平的时代，不需要我们去流血、牺牲。但是，这个时代有这个时代的危机。可我们不怕！中国人，从来都不是软弱的性子。因此，中国的希望就在青少年一代身上，我们要抓紧时间学习、奋斗，只有这样，才能推动祖国发展。

青春如此短暂。抓住它，它就是机会；描绘它，它就是彩虹。青春，诗意的年华，火热的岁月，多少人曾为之感慨！屈复曾说："百金买骏马，千金买美人；万金买高爵，何处买青春？"李大钊曾说："青年者，人生之王，人生之春，人生之华也。"屈复如此钟情青春，李大钊如此推崇青春，可见青春之可贵。的确，青春时光如同白驹过隙，忽然而已。所以，不要觉得岁月静好、现世安稳，我们要趁年少去奋斗、去拼搏，砥砺前行。不要把心放在手掌心上、眼皮底下，要把心放在高山之巅、大海之上——心有多大，舞台就有多大；心有多大，世界就有多大。

在技术全面封锁、条件艰难的情况下，邓稼先用心血与汗水完成了第一颗原子弹的设计；怀着一颗对国家粮食安全的赤诚初心，袁隆平攻坚克难，在全国各地辗转研究，培育出杂交水稻；通过整理中医药典籍，走访名老中医，通过验方汇集了六百三十余种治疗疟疾的中药单，经过无数次实验，屠呦呦和她的团队研究出青蒿素，挽救了数百万人的生命。他们都珍惜时间、奋力拼搏、砥砺前行，放飞了他们的梦想，更成就了中国人的梦想。

实现梦想不是空话，学习是要吃苦的，是要忍得住板凳上、台灯前的孤独的。就像巴金在回忆录中所说："人不是点缀太平的，而是工作的，正因为有了荆棘，才需要我们在荆棘中开辟道路。"我们要珍惜美好的韶华、激扬我们的青春！终有一天，当我们成年，在青春的路上渐行渐远时，回首往事，我们可以自豪地说："在我们年轻时，我们拼搏奋斗过，激情燃烧过，可以无悔地面对人生、面对未来。"我们要不负韶华，砥砺前行，用青春的力量，成就我们的理想，实现人生的价值。

如果要问谁是世界上最公平的法官，那一定是时间。正值青春年少的我们是幸运的，我们有时间去追求、放肆、狂欢，但青春并不是放纵的资本。青春稍纵即逝，只有抓住每一分每一秒，才能让自己在人生的道路上不留遗憾。此刻，我们需要做的是不忘初心，砥砺前行，在赤子之心上铭刻"不辜青春、不负韶华"的印迹。"天将降大任于是人也"这个道理我们都明白。我们勤奋耕耘，发奋苦读，那一张张优异的成绩单上饱含的泪水和汗水，只有自己知道。

请看看自己的身边吧！比我们优秀的人在努力，不及我们的人更在努力，我们还有什么理由不努力呢？如果把人的一生比作一天的光阴，那么美好的青春时期就是清晨，朝气蓬勃，富有活力，满怀对未来的憧憬与向往。我们作为新时代的少年，正处于人生中最好的学习阶段，请珍惜青春吧！以全部身心去努力，不负天赐年华，永不言败。因为只有这样，我们才能成为民族的希望，成为国家的希望。

人生太短，失去的太多，得到的太少，我们总是容易羡慕别人得到的东西，感伤自己失去的东西，这是正常的。如果有人炫耀他的才能，我们就会觉得自己无能。在这些负能量的情绪里，我们都在幻想，是否有一天自己会成为被关注的焦点，成为别人羡慕的对象？很多人都在不停地感叹，为什么别人总有我得不到的东西？或者花时间在嫉妒和虚荣心上。人人都说不要辜负大好时光，可是，又有多少人可以做到这一点呢？所谓不负好时光，就是我们觉得，在过去的日子里并没有对不起自己。努力过了，就不会后悔，不辜负任何人。

青春，汲天地之精华，取万物之灵气。这是人一生中最美的年华，如同四季中的春日，一切事物在青春面前都显得黯然失色。只要你拼搏、自信、有活力，那么你的青春便是无悔的青春。无悔的青春需要我们拼搏和积极进取。在成长岁月里拼搏，是使我们无悔的关键。逆流而上的鲑鱼为了返回家乡，不惜飞越瀑布，避开饥饿的棕熊，耗尽自己的力气。它们回到家乡，产下鱼卵后幸福地死去……这是愚蠢吗？不，这是鲑鱼为了子孙后代在拼搏啊！

"一个人至少拥有一个理想，有一个理由去坚强。心若是没有栖息的地方，到哪里都是流浪。"每个勇敢追梦的人都是最了不起的人。终日在舞蹈室的镜子面前重复无数次旋转跳跃，只为用短短的几分钟展示你的理想；终日在书桌前练字，一个字重复写无数遍，只为以笔为武器挥洒你的理想；终日在教室里学习，写上百张的试卷，做上百个小时习题，只为在那短短的三天实现你的理想。我们始终相信，每个人都有无穷大的力量。

青春是对未来毫无顾忌的畅想，青春是为梦想而努力学习的执着，人们总说"梦一样的青春"，青春时代是一个短暂的美梦，当你再醒来时，它早已消失得无影无踪了。正因为青春短暂，所以我们必须倍加珍惜。那么请扪心自问：我的梦想是什么？有人肯定会说要做企业家，做音乐家，做科学家……其实梦想不一定要很远大，也可以说我要当花匠，当调酒师，甚至是做保洁员。梦想没有高低贵贱之分，不要觉得羞于启齿，只要是自己喜欢的，觉得有意义就够了。但我们一定要勇于实现梦想，青少年时期正是人一生中的黄金时期，如一日之中的晨曦，如果此时连实现梦想的勇气都没有，那么人生就真的是浪费了。

只有确定了自己的梦想是什么，才能知道该朝哪个方向去努力，如果连方向都不确定，青春怎能绚烂？别忘了，人生得靠自己把握与书写。那些美丽的梦不能只是幻想中的城堡，必须一砖一瓦地堆砌。梦想的确需要去做梦、去想象，但别忘了，我们是少年啊，是激情洋溢、踌躇满志的少年啊，我们有旺盛的精力，有聪慧的头脑，有勤劳的双手。既然梦想是有可能实现的，那么谁会甘心只是梦和想呢？谁会希望别人都在做幸福的守望者，自己却一事无成呢？谁会希望别人耕耘出金黄的麦浪，而自己一伸手，却打碎了一面镜子，镜子中是自己缥缈的梦想吗？站在岸上学不会游泳，只有梦和想也实现不了梦想。

无论岁月在我们脸上增添了多少皱纹，无论世事在我们胸口划过多少道伤痕，只要我们还有呼吸的权利，就拥有重塑梦想的激情。只要我们还有生存的氧气，就拥有缔造激情的勇气。东晋诗人陶渊明有诗曰："盛年不重来，一日难再晨。及时当勉励，岁月不待人。"让我们以"自信人生二百年，会当水击三千里"的勇气，以"路漫漫其修远兮，吾将上下而求索"的精神，点燃梦想的蜡烛，放飞我们的梦想，描绘灿烂的人生。

时光宛如海洋，浩瀚无际。只愿不负这大好年华，书写自己的人生篇章。曾听很多人说起，谁的青春不叛逆，不张狂？青春不意味着放纵自己，在激烈的言语碰撞中宣泄无处安放的时光，这样的青春或许足够精彩绚烂，但往后难以想象和承受的，是巨大落寞下的空虚。青春是个人精神面貌的象征，是昂扬斗志的绝佳时间。也许你会犹豫叹息，最美的青春若都用来学习，令人索然无味。可此时不拼搏更待何时？在最美时光里挥洒汗水，它必将成为成功路上的勋章，熠熠发光。在浸染汗水的日子里，痛并快乐着，苦乐交融，奏响不一样的青春集结号，这才是青春，有血有肉、有理想、有抱负。没有人会嫌年少时努力太多，我们只有从现在开始装粮补弹，步步紧跟，才能书写人生的辉煌。

属于我们的青春逐渐拉开序幕，在当下的青春岁月里，我们又将踏上崭新的征程。什么时候起，我们开始忧虑时间的流逝，当一天的学习任务完成后，总想一个人再待一会儿，这个时间于我们而言是奢侈，是不可多得的美好。我们愿再向即将到来的明天借上一抹时光，能让我们短暂地驻足在窗边：在墨一般的黑夜里，只有几户人家窗子里透出的灯光照亮视野，看着再熟悉不过的景色，心里升腾起的是淡淡的温馨。于是恋恋不舍地合上窗，借着有些凉意的空气，在玻璃上轻轻呵气，画上一个算不上完美的笑脸，心满意足地关灯睡觉，一夜好梦。在梦里，我们目睹这个无比美好的世界，晴时满树花开，雨天一湖涟漪，阳光洒向城市，微风拂过指尖……

　　李大钊说过，青年要"为世界进文明，为人类造幸福，以青春之我，创建青春之家庭，青春之国家，青春之民族，青春之人类，青春之地球，青春之宇宙，资以乐其无涯之生"。孙中山先生说："做人最大的事情，就是要知道怎么爱国。"青少年要担起责任，与国共进。

　　我们要挺起青春的脊梁，迈开青春的步伐，让青春的中国充满希望。外卖小哥雷海在中国诗词大会上夺魁，平凡人生难掩诗心澎湃；北大女生宋玺参军赴亚丁湾护航，怀揣万里赴戎机之豪情；中国航天科研团队，对探索遥远深空充满信心；北斗女神王淑芳呕心沥血钻研科技，以青春打造强国之重器……他们正是我们的榜样，正是中国精神和中国力量所在，青少年一代，怀揣青春理想，饱含青春活力，为青春奋斗，"国家兴亡，匹夫有责"。我们要努力奋斗，不负韶华，与国共进。为国请命，无怨无悔。

　　纵观历史，每一代青少年都担负着不同的使命。在抗日战争时期，青少年点燃革命之火，为争取民族独立、人民解放而奋斗；在社会主义革命和建设时期，青少年向困难进军，保家卫国，建设新中国；在新时代，青少年更要"团结起来，振兴中华"，为祖国的繁荣富强而开拓进取。

　　"少年的征途是星辰大海。"理想的宏大往往决定了这个人能到达更远更高的地方，作为新时代的攀登者，我们的青春不仅有诗和远方，更有家国天下，所以我们不怕黑暗。我们的心中有一簇迎着烈日生长的花，比一切美酒都要芬芳。

　　青春因理想而更加绚烂，每名勇敢追梦的少年都是一道亮丽的风景。新时代，是追梦者的时代。因为有梦，国家的未来才有无限的可能。今天你以国家为荣，明天国家将以你为荣。让我们以梦为马，不负韶华，尽显少年英姿吧！

第十八章　美德伴我成长

中华民族自古以来就是一个讲究品德教育、个人修养的民族，一个甜蜜的微笑、一种执着的追求、一次慰藉人心的宽容，融汇成美德赞颂曲上动人心弦的一个个音符。

千百年来的文明礼仪之风传承至今，要求每个素质高、有教养的现代人，都必须有良好的文明礼仪。文明礼仪就在我们身边，但往往被我们忽略。所以我们要把美德融入现实生活中，让健康文明在我们的身边处处可见、时时能觅。

孟子云："故天将降大任于是人也，必先苦其心志，劳其筋骨，饿其体肤，空乏其身，行拂乱其所为，所以动心忍性，曾益其所不能。"意思是上天将要把重大使命落到某人身上，一定要先使他的意志受到磨炼，使他的筋骨劳累，使他经受饥饿之苦，使他处于贫困之中，以这样的方式使他的心灵受到震撼，使他的性情坚韧，增加他不具备的能力。这段话常被后人引用为座右铭，激励自己在逆境中奋起。在生活中，每名中华儿女的心里都有一颗美德的种子，这些种子在中华美德中汲取营养，获得力量，然后生根、发芽、抽枝，长成小树，一棵棵小树根系交错、枝叶相连，形成森林，中华美德正以森林一样生机勃勃的姿态成长着，能够拥有这样一片宝贵的森林，身为中国人，我们应该感到自豪！

文明礼仪是自身的修养，是我们每个人都不能缺少的。公共文明是社会意识的集中体现，但是公共文明建立在我们每个人的道德修养之上，所以个人文明才是根本。鲁迅说过："中国欲存争于天下，其首在立人，人立而后凡事举。"所以，要完善个人修养。人的修养并不是与生俱来的，而是靠后天不断完善的。文明美德就如一泓清泉可以滋润我们的心灵，给予我们心灵的慰藉。

大家或许要问，什么是文明美德？从大的方面讲，它是一个民族、一个国家的进步，是思想的科学、行为的端正、习惯的改善、修养的提高、品质的提升。但在当今社会，很多人评价人的标准在其外表，而不在其内心。岂不知，美者未必德，不美者未必不德。其实，文明美德是从生活中的小事表现出来的。主动向老师问好，进老师办公室先敲门，坐公交车时主动排队并主动给老人让座，不乱扔垃圾，团结同学，互相谦让，爱护公物，遵守交通规则，宽容他人，善待他人……如果你失去了今天，你不算失败，因为明天还会再来；如果你失去了金钱，你不算失败，因为人生的价值是金钱买不到的；如果你失去了文明礼仪，那就彻彻底底地失败了，因为你失去了做人的根本。社会文明是建立在每个人的文明美德之上的，作为一名小学生，我们首先要具备小学生的美德，进而具备中华民族的美德。

中华民族有着五千多年的悠久历史，不但创造了灿烂的文化，而且形成了古老民族的传统美德。可是在我们身边，在一部分学生身上，还存在一些不文明行为。在校园内、楼梯上总能见到与美丽校园极不和谐的纸屑，教室里、校园内的食品袋、方便面盒出现在不应该出现的地方，甚至有的同学认为：反正有值日的同学和清洁工打扫，扔了又何妨。有的学生在教学楼走廊里追逐打闹，还有个别学生相互之间讲脏话、粗话，甚至有个别学生故意损坏学校的公共财物。很多学生常常把文化知识的学习放在首位，而忽略了养成良好的社会公德，只将文明习惯的养成挂在了嘴上。文明礼仪是学习、生活的基础，是帮助我们健康成长的臂膀。没有了文明，就没有了基本的道德底线。我们即使拥有了高深的文化知识，对人、对己、对社会又有什么用呢？"千学万学学做真人"，说的就是学习应先学做人，学做文明人。作为一名新时代的小学生，传承文明美德是应肩负的责任。

中华五千多年辉煌的文明，让我们感受到其独有的魅力；泱泱神州万年的文化，让我们与文明同行。我们一直钟情于渗透着中华文明情愫的图书，也一直感悟着神州的魂梦与沧桑。从遥远的新石器时代到当代中国，中华文明跨越了漫长的历史，在东方大陆上，以伟大的创造力书写出令整个世界都赞不绝口的历史传奇。它是古老文明中传续到现在并且重新崛起的伟大文明。它既是一部蕴含着东方智慧的创造性史诗，也是一部由众多精英人物和他们的故事编织成的历史长卷。我们一直在探索，也一直在追寻。从新石器时代开始，神秘的人鱼花纹陶盆和玉琮上升起了远古文明的曙光，古色斑斓的青铜甲骨文标志着中华文明步入了编年史的夏商周三代。战国是个群星闪耀的时期，百家争鸣，配合完成了神州思想的奠基之礼。秦汉金瓯完好的气势和魏晋南北朝的风度交相辉映，引领出高亢而充满芳华气息的盛世之音。在历史的进程中，中华文明以海纳百川的胸襟接纳众多的文化，日益丰富而鼎盛。在强大昌盛的唐代，中华文明生生不息地传续下来，宋代近乎完美的文化精神被元代的文人们转化为超然的生活境界。明清两代工商业和世俗文化的蓬勃发展，中华文明终于完成了跨越。

生命中一直有一股力量让我们为之痴迷，那就是文明。在人的一生中，坎坷荆棘是不可避免的，我们只要忠于信仰，终会踏上阳光大道。生命如急流，只有不畏顽石，才会一跃迸发豪情的浪花；生命如雄鹰，只有敢于迈出第一步，跃下悬崖，才会张开羽翼，体验与蓝天共舞的激情。作为一名新时代的小学生，我们需要有"苦心人，天不负，卧薪尝胆，三千越甲可吞吴"的恒心，我们也应具备"有志者，事竟成，破釜沉舟，百二秦关终归楚"的毅力，踏着古人的文明足迹，以我们自身的视野，不断向前，绽放耀眼的光华。

中华民族自古以来就是一个传承文明、讲究美德的民族，千百年来灿烂的文化和文明美德之风传承至今，使我国拥有"文明古国""礼仪之邦"的美称。文明美德不是与生俱来的，而是靠后天不断培养和完善的。它如同一棵小树，只要你用心浇灌它，在日常生活和学习中培养它，从点点滴滴的行为中呵护它，它就会在你的心中扎根、成长、开花、结果。

对中华文明的巡礼，是一次非常奇妙的发现之旅。饱含中华文明的每件器物、每个故事都唤醒了我们的文化印象，诱发了我们探索的好奇心，让我们在情感上为之震撼。我们禁不住慨叹：几千年如同历史云烟，无论这个古老的文明间隔多么遥远，我们的心灵、精神和情感始终为它魂牵梦萦。

日月轮转，物换星移，多少物如烟而逝，多少事传播百代，多少人悄然而去。亘古稳定的是文明，它已成为社会形态前进的标志，它是修养，是礼仪，是风度。心沐文明之歌，让追求卓然的我们，远离粗俗，远离野蛮，拥抱文明！文明美德就如一泓清泉，滋润心灵，给予心灵的慰藉。文明的社会，需要文明的我们。

美德是一盏灯，指引着我们前行；美德是一幕瀑布，净化着我们的心灵。未来的路还很长，需要我们一步一步脚踏实地地前行。在成长的道路上，让我们一起拥抱文明，一起与美德手拉手，结伴同行！

参考文献

［1］ 黄彩玲.谈小学德育中的优秀传统文化及其渗透［J］.求知导刊,2020(52)：79-80.

［2］ 郑守祥,唐慧.小学德育中的优秀传统文化及其渗透［J］.科幻画报,2018(5)：134-135.

［3］ 章乐.儿童立场与传统文化教育:兼论小学道德与法治教材中的中华传统文化教育［J］.课程·教材·教法,2018,38(8)：21-26.

［4］ 邱凯祥.小学道德与法治教学渗透优秀传统文化的实践研究［J］.南昌教育学院学报,2019,34(1)：34-36.

［5］ 韦锋.探讨如何在小学品德与社会课中渗透环境教育［J］.考试周刊,2018(58)：33.

［6］ 唐琼.小学品德与社会活动教学研究分析［J］.科学中国人,2017(11)：326.

［7］ 钟信.立德树人:新课程下小学德育教育思考［J］.课程教育研究,2018(22)：67-68.

［8］ 李艳芬.浅析小学德育实效性教学的理念及方法［J］.学周刊,2018(2)：51-52.

［9］ 蒲玲林.小学德育存在的问题及对策研究［J］.数字化用户,2017,23(38)：259.

［10］ 周永莲.关于新形势下小学德育的探索［J］.西部素质教育,2018,4(22)：53.

［11］ 刘娟.德育教育在小学阶段的有效开展［J］.科学咨询(教育科研),2020(11)：293.

［12］ 赵昊斌.关于新形势下小学德育教育的探索［J］.文存阅刊,2018(8)：114.

［13］ 沈少珍.不忘初心立德树人:小学德育教育的探究［J］.科学咨询(教育科研),2019(4)：13-14.

［14］ 王赫.浅谈小学班主任德育教育中如何有效实施激励策略［J］.报刊荟萃,2018(10)：286.

[15] 新华社.习近平:在文艺工作座谈会上的讲话[EB/OL].(2015-10-14)[2022-12-20].http//www.xinhuanet.com/politics/2015-10-14/c_1116825558.htm.